人身売買と
貧困の女性化

カンボジアにおける構造的暴力

島﨑裕子
Yuko Shimazaki

明石書店

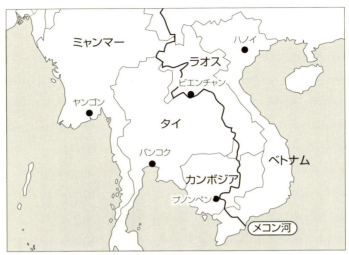

メコン地域地図

カンボジア地図

本書を人身売買という苛酷な現実を経験した人びと、
そしてその耐え難い経験を自ら語ってくれた勇気ある女性・女児たちに捧ぐ

目　次

はじめに……………………………………………………………………… 7

序　章　グローバル社会における人身売買………………………………… 11

第1章　農村における人身売買被害者の実態
　　　　──脆弱世帯とは何を指すのか………………………………… 25
　1．出稼ぎが招いた家族離散と人身売買へ誘引される背景……………… 26
　　　（1）家長の出稼ぎが招いた家族離散と負の連鎖　29
　　　（2）孤児たちのおかれた社会環境　30
　2．貧困と性暴力の関係…………………………………………………… 31
　　　（1）世帯が抱える経済状況と性的暴行　33
　　　（2）負の連鎖──孤立と「恥」　34
　3．農村内の差別と帰村への恐怖………………………………………… 35
　　　（1）相互扶助からの排除と職業斡旋人──恐怖の連鎖　37
　　　（2）被害者における罪の意識　38
　まとめ──人身売買被害者からとらえる農村社会……………………… 39

第2章　国境地域における人身売買被害者の実態
　　　　──周縁の地に引きよせられる人びととは……………………… 41
　1．ポイペト国境地域とは………………………………………………… 42
　2．国境地域の集落を形成する人びとの特徴…………………………… 44
　　　（1）調査地の概要　44
　　　（2）居住者の分類と世帯構成　45
　　　（3）近隣住民との関係　47
　3．帰還民世帯と貧困……………………………………………………… 47
　　　（1）ポイペトと帰還民世帯との関係　47

（2）帰還民世帯にみる人身売買被害　49
　4．断ち切れぬ負の連鎖と移住世帯……………………………………53
　　（1）母子世帯と人身売買——被害者を生み出す環境とは　54
　　（2）土地なし世帯と人身売買　57
　　（3）女性単身の出稼ぎ労働と人身売買　59
　まとめ——ポイペトで起こる人身売買とその被害者とは……………62

第3章　カンボジアの近代史と農村の現状……………………63
　1．独立から国内権力闘争——国際社会に翻弄される国家…………64
　2．経済成長と現実——誰のための発展か……………………………68
　　（1）市場経済とカンボジア　68
　　（2）都市と農村の格差　71
　3．カンボジア農村と人の流れ…………………………………………74
　4．カンボジア社会の文化構造…………………………………………76
　　（1）性規範　76
　　（2）教育事情　77
　　（3）集落内の相互扶助と排除　79
　まとめ——一連のシステムとしての社会文化構造…………………80

第4章　人身売買被害者とはどういう人たちか
　　　　　——全体像とその類型………………………………………81
　1．人身売買被害者の年齢と出身州……………………………………82
　2．被害者らの経済状況の実態…………………………………………84
　　（1）就労状況　84
　　（2）収入と支出　85
　　（3）借金の有無と土地なし世帯　87
　3．被害者世帯と相対的貧困……………………………………………89
　　（1）人身売買被害者の教育状況　90

        （2）重層的貧困と人身売買　92
    4. 人身売買被害者と斡旋人………………………………………………95
        （1）被害者と職業斡旋人との関係　95
        （2）斡旋人との関係性——農村と国境地域を比較して　96
    まとめ——人身売買被害者の「貧困」をどのように読み解くか…………97

第5章　国境地域における外部支援のあり方………………………101
    1. 調査時から10年後のポイペト国境地域と臨時出入国ゲートでの
       越境移動………………………………………………………………102
    2. 回廊地帯を通じての越境ルート……………………………………105
    3. 国境地域における外部支援とその限界
       ——社会環境の再編は可能か………………………………………108
    まとめ——国境地域における支援の再考……………………………112

第6章　貧困からどう抜け出すか……………………………………115
    1. 脆弱者から主体者へ…………………………………………………116
        （1）外部介入と仲間の存在　119
        （2）支援対象者から支援者へ　121
    2. 主体性の獲得段階とそのプロセス…………………………………124
        （1）主体性獲得までのプロセス　124
        （2）当事者とは誰か、主体性の真意　127
    まとめ——貧困からの脱却とその方法………………………………128

おわりに……………………………………………………………………131
注……………………………………………………………………………137
引用・参考文献……………………………………………………………143
巻末資料……………………………………………………………………152
索引…………………………………………………………………………174

はじめに

　「人身売買」とは、人を商品として取引し、売買する犯罪である。また、人びとは売られる過程で人権を搾取され、隷属的な状態におかれる。現在、人身売買の方法や搾取の構図は巧妙化し、その複雑化した全体像を把握することはきわめて難しい。

　カンボジア社会のなかには支配と従属のピラミッド構造が存在し、その底辺に位置する女性や女児が人身売買の被害者となりやすい。被害者は、カンボジアの農村から隣国タイなどへと売られていく。被害者はタイを通過点として、「人身売買」の世界市場へとつながっていくことになる。

　一方、カンボジア国内では、社会的に弱い立場におかれた人びとや人身売買の被害者を支援する国際機関やNGOの活動が行なわれ、被害者が保護されている。被害者は職業的技術や知識を身に付け、様々な生活的困難を乗り越え自立の道を歩み始める人びともいる。農村の社会的に弱い立場におかれた者が自立の機会を得ていくなかで、自らがおかれた状況を客観的にとらえ、経済的な主体性を獲得していく事例も見られる。

　「被害者」「脆弱者」とされてきた人びとが、主体性を獲得して自立の道を歩み始めた時、貧困からの脱却の一歩となる。しかし、国際機関やNGOの活動が一時的で一方的な支援であった場合、被害者や脆弱者たちが歩む自立への道はきわめて厳しいものとなる。現実には、貧困からの脱却を目指した人びとが、元の厳しい現実に逆戻りすることも多いのである。

　本書では、カンボジアでの長期のフィールドワークに基づいて「なぜ人身売買は発生するのか」「カンボジアにおける人身売買被害者とはいったい誰を指すのか」「なぜその人が被害者になるのか」という問いに答えたい。

具体的には、カンボジア農村において社会的に弱い立場におかれた女性と女児たちに関する構造的暴力について示す。彼女たちは、カンボジア社会の社会構造の影響下で、気づかぬ間に「人身売買」に巻き込まれていく。また、この弱い立場の者が本人の意図せぬままに強者・権力構造に巻き込まれていく構図を、より大きな視点からもとらえることで、局所的な事例にとどまらない「人身売買」をとらえるツールについても概説する。

人身売買の被害者は、国際機関やNGOなどの外部支援により、自分を客観的にとらえる視点を獲得し、当事者としての主体性をもって自立の道を歩み始めることになる。このような場合、彼女らは、弱い被害者、脆弱者といった視点でとらえるのではなく、他の弱者たちにも手を差し伸べて連帯意識を自ら育み、人間としての誇りと尊厳を回復し、「貧困」を克服していけるような、自立した人間としてとらえるべきであろう。こうした視点から、本書では彼女らの貧困の克服の道筋を明らかにしている。

本調査は質的調査を主とし、先行研究・資料の考察、参与観察、聞き取り調査を実施した。現地での聞き取り調査は、すべて筆者による個別インタビューである。データの収集には、聞き取り対象者を通じて対象者を拡大していく場合と、不作為抽出によって、聞き取り対象者を選定する場合の双方を用いた。本書の聞き取り対象者には、(1) 被害当事者と世帯構成員、(2) 国際機関の職員とNGO（支援団体）の関係者、(3) 行政長、村長・役員、同地域の農村居住者、地域の実情に詳しい専門家が含まれる。本書における聞き取り対象者の年齢は調査時のものであり、使用される氏名はすべて仮名である。

本章の構成は、次の通りである。

序章「グローバル社会における人身売買」では、人身売買の現状を概観する。カンボジアの人身売買の構図を理解するための理論上のツールをあげて、人身売買を個別の視点からとらえるのではなく、より大局的な視点を含めて読み解く重要性について述べる。ここでは、カンボジアにおける人身売買問題は、固定化された社会構造によってもたらされる影響が重要な要因である

ことを理解する。

　第1章「**農村における人身売買被害者の実態**」、第2章「**国境地域における人身売買被害者の実態**」では、カンボジアにおける人身売買を二つの特徴的な現象として個別にとらえている。歴史的背景、地理的環境、集落コミュニティ・コミュニティ構成員の特徴や差異、他者との関係性などの多面的側面を考慮して被害者世帯の実態をとらえ、人身売買の形態は二つの地域でどのように異なっているかを示している。国境地域のポイペトは、人身売買の一つの大きな拠点であり、本書の重要な調査地である。

　第3章「**カンボジアの近代史と農村の現状**」では、カンボジア農村の市場経済の発展過程、都市と農村の格差、農村社会にみられる社会規範と人間関係、コミュニティの概念などについて解説する。歴史的にどのような社会文化構造がカンボジア農村に形成されてきたかを検討することで、人身売買被害者を把握する際に必要な社会文化構造がみえてくる。

　第4章「**人身売買被害者とはどういう人たちか**」では、筆者が行った聞き取り調査に基づいて、被害者の全体像と類型化を行う。被害者がどういう意味で貧困者と言えるのか、被害女性の経済的社会的状況に着目する。彼女たちが人身売買へと引き込まれていく諸要因をとらえ、被害者に共通して見られる暴力の連鎖とその関係をみる。

　第5章「**国境地域における外部支援のあり方**」では、国際機関やNGOの外部支援の有効性とその限界、今後の課題を提示する。初期調査から10年が経過した現在、多くの場合に非公式での越境方法が選択されており、そのなかに多くの人身売買の被害者が含まれていた。こうした国境地域の調査を通じて、当該地に居住する人びととの社会環境をどう再編し、自立に結び付けていくかについて検討する。

　第6章「**貧困からどう抜け出すか**」では、人身売買被害者・脆弱者たち自身の貧困からの脱却のプロセスを検討し、彼女たちが社会的に弱い立場におかれた社会構造からいかに脱却できるか、その可能性を探る。脆弱者たちが、今の社会構造から脱却するためには、彼女たちが自ら主体性をもちうるか否

かが大きな鍵をにぎっている。この主体性の獲得は、脆弱者たちが「当事者」意識をもち、他者に依存しない自律＝自立したコミュニティを形成することを通じてはじめて実現できる。このような支援は、人を中心に考えた支援、地域の自立を目指した持続的な開発といえる。グローバリゼーションを背景に支援対象者が多様化する今だからこそ、支援や開発の意味を考えなおしたい。

　カンボジアを含む世界において、人身売買が構造的暴力の影響下で現在も拡大している。社会的に弱い立場におかれた脆弱者が外部機関の支援を受けつつ自ら貧困からの脱却への道を模索している現状について、本書を通してより多くの人に知ってもらう機会となれば幸いである。

序　章
——グローバル社会における人身売買

グローバル化と人身売買

　国連薬物犯罪事務所（United Nations Office on Drugs and Crime: UNODC）によると、人身売買発生状況は、日本を含む世界124ヵ国で発生しており、被害者の国籍は152ヵ国に及ぶ[*1]。現在、世界中には、少なくとも510もの人身売買ルートが存在し、被害者のうち10人中6人は、国境を越えて取引されている[*2]。人身売買された人びとは「性的搾取」「強制労働」「臓器売買」「その他の隷属的な状態」などを強いられる。こうした「搾取」を目的とした人身売買は世界規模で発生し、その被害は、製造、農業、漁業、建設・土木、性産業等の多岐にわたる。地域によって搾取の形態は異なるが、およそ被害者全体の53％は性的搾取と報告されている[*3]。

　国際労働機関（International Labour Organization: ILO）によると、全世界で2100万人以上が強制労働に従事させられ、成人、子どもを含む女性被害者は1140万人、男性被害者は950万人と推定されている[*4]。

　人身売買は水面下で取引されるため、国連機関等の統計による被害者数は、氷山の一角にすぎない。多くの場合、被害者は行動の制限、監視体制の下におかれているため、正確な数値の把握はきわめて困難である。被害者全体の性別と年齢をみると、49％が成人女性、21％が女児、18％が成人男性、12％が男児となっている[*5]。男女比でみると女性の被害率が高く、特に女児の被害率の増加が顕著である。2004年から2011年の被害推移[*6]をみると、成人女性の被害率が74％から49％と減少し、一方、女児が10％から21％と増加しており被害者の低年齢化が指摘できる。

　男性と女性の被害率では地域によって大きな差がある。本書の主な対象で

11

ある東南アジア地域では、女性の被害率が他の地域に比べて高いことがわかる。2010年から2012年の人身売買における強制労働の被害者を地域毎に概観すると、アフリカ・中東地域では、男性（男児含む：以下同様）45％、女性（女児含む：以下同様）55％、南北アメリカでは、男性68％、女性32％、東南アジア・太平洋地域では、男性23％、女性77％、ヨーロッパ・中央アジアでは、69％男性、31％女性となっている[*7]。

人身売買犯罪から得られる利益は、全世界で1500億ドルにおよぶと言われている[*8]。人身売買は、「人身売買仲介人／斡旋人（Traffickers）」らによる「売買」「取引」「転売」によって成立し、国内ルートから多国間のネットワークに接続している。出身地の農村から都市を経て、国境を越える過程で、多くの人がこの人身売買の犯罪ネットワークに関わっている。

人身売買の問題を考えるとき、国家間における格差、国内外の社会文化的背景などの大きな視点からの構造的側面と、当事者がおかれている状況といった個別具体的なミクロ的側面の双方をとらえる必要がある。

「なぜ人が売られるのか？」

この問いを掲げるとき、当事者の具体的状況の中に構造的な側面を同時にとらえることで、はじめて人身売買問題の本質にたどり着くことができる。

国連「パレルモ議定書」における人身売買の定義――人身売買とは何を指すのか

人身売買／人身取引（human trafficking／trafficking in persons）は、2000年に国連が定めた「国際的な組織犯罪の防止に関する国際連合条約を補足する人（特に女性及び児童）の取引を防止し、抑制し及び処罰するための議定書（*Protocol to Prevent, Suppress and Punish Trafficking in Persons, Especially women and children, supplementing the United Nations Convention against Transnational Organized Crime*）以下：パレルモ議定書」（外務省訳）の第三条（a）項において以下のように定義されている。

「「人身取引」とは、搾取の目的で、暴力その他の形態の強制力による脅迫若しくはその行使、誘拐、詐欺、欺もう、権力の濫用若しくはぜい弱な立場に乗ずること又は他の者を支配下に置く者の同意を得る目的で行われる金銭若しくは利益の授受の手段を用いて、人を獲得し、輸送し、引き渡し、蔵匿し、又は収受することをいう。搾取には、少なくとも、他の者を売春させて搾取することその他の形態の性的搾取、強制的な労働若しくは役務の提供、奴隷化若しくはこれに類する行為、隷属又は臓器の摘出を含める」。

　この定義は、人身売買を、目的、プロセス、手段から構成されるものとして説明する。すなわち、「目的」は、被害者の搾取（exploitation）であり、具体的には、売春などの性的搾取、強制労働、奴隷化、強制的な臓器提供などがあげられる。「プロセス」には、被害対象者の採用（recruitment）、輸送・運搬、蔵匿（隠匿）、収受（譲渡・取引）があり、「手段」では、詐欺・欺もう、強制力の行使（虐待、暴力、うそ、脅迫等）、権力の濫用などが用いられる、としている。

　「人身売買（human trafficking）」と「人の密輸（human smuggling）」は異なる。「人の密輸」とは、人を密入国させることであり、「不法入国」のみに着眼されており、人身売買の構成要素となる「手段」や「搾取」などは含まれない。「陸路、航路及び空路により移民を密入国させることの防止に関する議定書（*Protocol against the Smuggling of Migration by Land, Sea and Air, Supplementing the United Nations Convention against Transnational Organized Crime: UNGA Res.55／25*）の第3条（a）では、人の密輸に関して、「移民を密入国させること」の定義として、「金銭的利益、その他の物質的利益を直接又は間接的に得るため、締結国の国民又は永住者でない者を当該締約国に不法入国させること」としている。

　ただし、密入国には、仲介人に金銭を支払うことや、不法に入国させるといった部分は、人身売買に重なる点が多い。したがって、人身売買を理解する際には、「搾取」という形態がそこに存在していたか否かといった「搾取

構造の有無」に注視する必要がある。

　日本において2000年の国連文書が採択される以前の国際文書では、「人身売買」と訳されていたが、2000年に採択された議定書以来、政府文書では、「人身取引」と訳される傾向にある。法的概念としてとらえた場合、人身売買の「売買」という日本語は金銭を媒介とする所有権の移転を意味する。しかし、人身売買の手段は、「金銭若しくは利益の授受」に限らず、暴行、脅迫、権利の蹂躙といった多様な手段が用いられる場合もあるため、法的には、「人身売買」は「人身取引」の一部と理解される[*9]。したがって、近年では政府訳をはじめ「人身取引」という訳語が使われるようになったのである。

　しかし、2000年以降に日本政府が「人身取引」という訳語を使用するまでは「人身売買」という用語が一般的に用いられ、「人身売買」という用語は、「社会的、文化的、歴史的な内容を含んだ語句としてとらえることが出来る」と解釈されている[*10]。

　本書におけるカンボジアの女性・女児の人身売買被害者の状況をとらえた場合、「搾取を目的」として、かつ仲介人内に「金銭を媒介とする所有権の移転」が存在するため、「売買」の意味合いが強く存在する。そのため、本書では、上記のように一般に使われている人身売買に人身取引の意味が包含されているものと解釈し、人身売買という用語を用いることにする。

カンボジアの人身売買の現状

　カンボジアにおける人身売買の被害者は、女性・男性問わず成人から子どもまで、すべての年齢層に見られる。カンボジア女性・女児の国外への人身売買先は、タイ、マレーシア、インドネシア、台湾、韓国、中国、日本などにおよび、性産業、農業、建設業、製造業などの業種、さらには家事労働、婚姻形態などでも発生している。

　本書での被害者が人身売買された主な取引先は、カンボジア国内および隣国のタイにおける性産業と、一部マレーシアへのケースも見られる。性産業

に従事するカンボジア人のすべてが人身売買の被害者という訳ではない。本書において性産業に売られた被害者に該当する者は、強制的に売春行為を強いられていた者を指す。また本書における性産業以外の取引先は、物乞い、家事労働と建設業となっている。

カンボジア男性の人身売買では、国内、隣国のタイをはじめ海外ではインドネシア、中東、南アフリカ、セネガル、フィジー、モーリシャスなどがあり、遠洋漁業や、漁業の製造工場、農業、建設業における強制労働の形態が主流である。子どもの場合は、その他に臓器売買や、物乞い用の子ども役として売買されることがある。本書では今現在も水面下での被害が継続し、深刻な社会問題として認識されている女性被害者について論証し、貧困と抑圧の現象を読み解いていく。

国際的な取り組みと国内対策

人身売買を取り締まる際の国際的な規定には「国際組織犯罪防止条約およびパレルモ議定書」「ILO最悪の形態の児童労働条約（182号条約）」「ILO強制労働廃止条約」「すべての移住労働者とその家族の権利の保護に関する国際条約」「子どもの権利条約」「女性差別撤廃条約」などがあり、国際的な共通ルールなどの制度のなかで、各国の取り組み姿勢や、国内法の改正などが図られている。

2004年メコン河流域諸国（タイ、カンボジア、ラオス、ベトナム、ミャンマー、中国雲南省、広西チワン族自治区：Greater Mekong Subregion: GMS）で形成された「人身取引対策のためのメコン地域閣僚イニシアティブ（Coordinated Mekong Ministerial Initiative against Trafficking：通称COMMIT）」では、「メコン地域における人身取引対策協力に関する覚書（Memorandum of Understanding on Cooperation against Trafficking in Persons in the Greater Mekong Subregion）」が交わされた。これは国境を越えた人身売買の拡大と共に、各国がCOMMITの加盟国の二国間において覚書を結び、国境間協力ならびに対策へのネットワークの構築を目的とするものである。

COMMITの覚書の影響力は大きく、各加盟国が国内法の整備や、対策を具体的に構築するよう基盤が作られた。COMMITの特徴として、国連機関によるプロジェクト（UN Inter-Agency Project on Human Trafficking in Greater Mekong Subregion: UNIAP）が開始された。本プロジェクトにより、国境を越えて各国際機関が連携し、予防、救出、保護、法整備、訴追といった人身売買問題への取り組みを具体的に推進することが可能になった[*11]。

　カンボジア政府と周辺国間の連携では、2003年にはタイ政府、2005年にはベトナム政府と二国間合意書（MOU）が交わされ、2004年にはメコン流域6ヵ国（カンボジア・タイ・ラオス・雲南省／中国・ミャンマー・ベトナム）で多国間合意書（MOU）が成立している。この2004年の多国間合意書の署名には、2000年から開始されたメコン流域6ヵ国を対象とする人身売買に関する国連機関のプロジェクト（UNIAP）の活動の成果が大きい。

　カンボジア国内では、政府の人身売買に関する政策として2000年に「子どもの人身売買及び性的搾取に対する5ヵ年計画（2000－2004）」[*12]が承認され、予防、保護、訴追への対応の具体的行動計画が策定された。また2003年には女性省が中心となり、司法省、教育省、社会福祉・退役軍人・青少年更正省、内務省（国家警察）、保健省などで、人身売買対策タスクフォースが設置された。観光省は、国際NGOであるワールド・ビジョン・カンボジア（World Vision-Cambodia: WVC）、現地NGOと協力し、外国人観光客による子ども買春や、性的目的の観光を防止するためのプロジェクト（the Child Safe Tourism Commission）を立ち上げ、パンフレットや広報活動を展開した。そして現在も各関係省庁と国際機関、NGOが連携して反人身売買対策を行なっている。

カンボジアにおける人身売買関連法

　人身売買／人身取引の処罰に関連する法律を概観すると、1993年に公布・施行された「カンボジア王国憲法（通称93年憲法）」では、第3章の第31条において女性と子どもの人権を承認・尊重するとし、第45条では、女性差

別の禁止および両性の平等、第46条では人身売買、売春、猥褻行為による搾取の禁止を規定している。

また、1992年のUNTAC統治期間中に、UNTACが起草しパリ和平協定にしたがってカンボジア紛争各派の代表によって構成された最高国民評議会が決定し、公布・施行した「暫定統治期間中に適用される司法、刑事及び刑事手続規定（Provisions Relating to the Judiciary and Criminal Law and Procedure applicable in Cambodia during the Transitional Period：通称UNTAC刑事法）」も、関連法のひとつとしてあげられる。

UNTAC刑事法内では、第41条「猥褻暴行（assault and battery）」、第42条「強制猥褻（indecent assault）」があり「本人の同意の有無にかかわらず、売春または性的な搾取の目的で未成年を周旋、勧誘、または移送した者は、2年以上6年以下の禁錮に処する」[*13]とされている。また、第35条「不法監禁（illegal confinement）」に則り、本人の意思に反する不法な逮捕・監禁がなされた場合、加害者を処罰できる。

しかし、これらの法律は人身売買を処罰する上では不十分であり1996年に「誘拐、人身売買および人間の搾取の取り締まりに関する法律（Law on Suppression of the kidnapping, Trafficking and Exploitation of Human Persons）以下：人身売買取締法」が新たに採択（1月16日）され、同年に公布・施行された（2月26日）。

この法律は第5章第10条からなっており、総則の他、第2章では人身売買目的、売春の強要目的の売買および誘拐（Kidnapping of Human Persons for Trafficking／Sale or for Prostitution）、第3章では売春の周旋（Pimp）、第4章では淫行（Debauchery）、第5章では補足の構成になっている。また、人身売買を行なった者は10年から15年の懲役（3条1項）、被害者が15歳以下で同意の有無にかかわらず人身売買を行なった場合は15年から20年の懲役（3条1項）が科せられる。

1996年の人身売買取締法は、子どもの権利条約、女性差別撤廃条約、国連国際犯罪防止条約、国際組織犯罪条約を補足する「国際的な組織犯罪の防

止に関する国際連合条約を補足する人（特に女性および児童）の取引を防止・抑止し、処罰するための議定書」など、カンボジアが批准している条約などの国際水準、国際条約の内容には準じていなかった。したがって国際条約および複雑化する人身売買の現状に対応するにあたり、包括的な内容を含んだ新法として2008年に「人身売買および性的搾取取締法（Law on Suppression of Human Trafficking and Sexual Exploitation）」が制定された。

しかしカンボジアにおける人身売買に関連する法の執行には、さまざまな障壁が存在する。政府関係者が水面下において売春[*14]宿のオーナーやシンジケートに関与している場合や、加害者・裁判官・検察官に対する買収や賄賂なども存在し、捜査・起訴・審理・判決の公正性が妨げられる[*15]。人身売買への取り締まりを強化するには、法律の制定、強化は必要不可欠であるが、特に実施面として、人びとの意識や、これら犯罪の温床となる社会環境とプロセス、さらには被害者を人身売買被害者へと巻き込む経済的貧困や相対的貧困を含めた対策、国際社会との連携を強化していくなどの総合的な取り組みがきわめて重要である。

人身売買を読み解く理論上のツール

ここでは、人身売買を見ていく上で重要となる理論上のツール、特に国家間関係、国内外の社会文化的背景などマクロ的視点から構造的側面を見るための枠組みを概観しておきたい。

従来の研究には奴隷制と女性に対する暴力の関係を分析するラーナー（Lerner, G.）、女性の性産業への人身売買を分析するバリー（Barry, K.）、労働移動と性産業の関係を分析するトゥルン（Truong, T.D.）に始まり、また大規模な労働力移動のなかで人身売買がどのように発生し拡大するのかといった実証研究もある。しかし、筆者のカンボジアでの聞き取り調査や参与観察の経験によると、人身売買のプロセスは、社会に組み込まれた構造的暴力と、性規範、カンボジア国内の中心と周辺構造を踏まえたよりマクロな理論を総合して検討しないと十分に理解できない。それは、グローバリゼーションの

影響による東南アジア農村への市場経済の波及、それを通じての貧困の創出、ジェンダー格差、社会的な脆弱者が人身売買に巻き込まれるといった社会文化的なダイナミクスから総合的にとらえることでもある。

　カンボジアの人身売買を分析する上で知っておかなければいけない基本的な視点は、世界システム論、ジェンダー論、ガルトゥング（Galtung, J.）の構造的暴力論、貧困の剥奪概念ならびに人権の基盤をなすセン（Sen, A.）のケーパビリティ論などである。こうした基本的理論を理解することにより、人身売買の発生構造や、弱い立場におかれた人びとが社会構造内で人権を搾取され翻弄される様子を、より大きな視点の中で読み解くことができる。それは、女性・女児の人身売買という問題の発生要因を明らかにするのみならず、貧困と社会構造の関係性や、人身売買被害者・世帯の脆弱性を考察することにつながるのである。以下では、こうしたツールの一部を概観しておきたい。

(1) 構造的暴力論――社会構造から発せられる暴力

　ガルトゥング（Galtung, J.）[*16]は数量的理論ではなく、「貧困と抑圧が存在する世界」を分析するツールとして「構造的暴力論」を提示し、どのように暴力の構造的原因が生み出されるかについての分析を示した。ガルトゥングの理論で重要となるのは「暴力」の概念である。特定の人びとに社会的な抑圧や差別や貧困が生じている時、そこには社会構造から「暴力」が発生していると理解する。

　ガルトゥングは「暴力」を狭義と広義に分類し、狭義の暴力を「直接的暴力」と呼び、それは暴力の行為主体者が明確で、意図的に行なわれ、肉体的、精神的に害をもたらす行為をさす[*17]。他方、広義の暴力、「構造的暴力」は、暴力の主体が不可視で意図的なものではなく、社会構造そのものから発せられるとする[*18]。

　構造的暴力は、生活機会や力関係などの不平等として社会構造内にあらわれる。人としてもっている生存権、社会権、文化権、自己実現を果たすため

の潜在的能力を考えたとき、本来ならそれらの権利を守り実現可能であるにもかかわらず、社会や文化によってその権利や機会が限定ないしは剥奪されている場合には、そこに「構造的暴力が存在する」ととらえる。

構造的暴力は、集団間や地域間での教育や医療サービスなどの格差にもみられる。社会の不平等や格差、差別や偏見、貧困などを助長する社会関係が日常的に固定化される場合、構造的暴力が恒常化し、人権蹂躙を生み出してしまう。

人身売買と構造的暴力の関係を、図0-1に示す。まず、人身売買被害者やその世帯は、社会構造のなかで権利や機会が剥奪された社会環境におかれている。次に、人間関係を基礎とする社会内部では、かれらは地域社会に存在する相互扶助やネットワークから排除され、個人や集団間で孤立する。これらの剥奪された状況を基礎として貧困が生み出され、構造的暴力によりその状況は維持・助長され、その結果、人身売買が発生する。

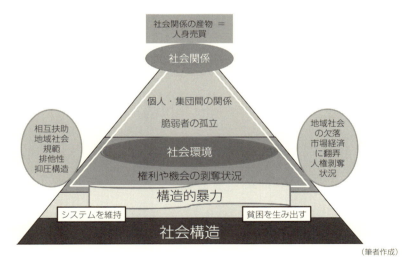

図0-1　人身売買と構造的暴力の関係

(2) 貧困とは何か

　セン（Sen, A.）によると、貧困とは所得の低さが貧困層を生み出す（いわゆる「所得貧困（Income poverty）」）というものではなく、剥奪（deprivation）概念に依拠する。人は、人として所有する権利や機会（衣食住、教育、医療保健）、人との関係性等を持ち（エンタイトルメント：entitlement）、それらの権利や機会を行使し、諸活動を実践的に行なっていく（ファンクショニングス：functionings）。しかし、人はこれらの権利を行使する条件や環境、さらには行動の制限や機会が剥奪されている場合、社会的に脆弱な状況におかれる。例えば、その人のもつ必要な食糧や栄養素がエンタイトルメントに含まれていない場合は、飢餓が発生する[19]。また、ある人や集団、社会構造などが他者の権利を抑圧することによって、他人のエンタイトルメントが失われて、飢餓や貧困が起こる[20]。

　人は生きていくうえでの基本的活動の組み合わせを所有し、それを実現していくことによって生活の質の向上が図られる。センのケーパビリティ論は、人のもつ基本的なニーズや権利や機会に注目しているだけでなく、その当事者が活動し、達成する範囲をアプローチに組み込んでいる点が特徴である。人がおかれている環境や状況、さらには人びとが形成する社会関係までを理論のなかにとらえ、個人ができることが拡大することにより、当事者本人の生活の質の向上（well-being）が可能になると考える。

　このように幅の広いアプローチで貧困からの脱却を考えると、人身売買による被害者を保護したとき、元の生活環境に戻せば問題が解決する訳ではないことがよくわかる。社会構造のなかで弱い立場におかれている人びとの現状を一時的に改善しただけでは、人びとはすぐに元の環境に戻ってしまう。彼らが本来もつ権利や社会環境を整え、その状態や環境を維持し、自らが主体性をもってそれを実現していくとき、人びとの貧困からの脱却の可能性がみえてくるのである。

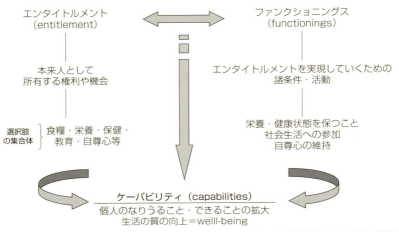

＊Sen（1999）(2000) に基づいて筆者作成

図0-2　ケーパビリティ論

(3) 女性や女児に貧困が集中する現象——社会構造と「貧困の女性化」

　社会のなかで支配と従属関係におかれ、女性・女児に貧困状況が集中する現象を「貧困の女性化（feminization of poverty）」と呼ぶ。「貧困の女性化」の概念は1980年代以降、国連の「女性開発」会議において注目されるようになった＊21。途上国の女性たちをとりまく現状を、世界システム論と連動させてとらえることもできる。「貧困の女性化」、つまり女性たちの貧困現象と社会的地位の従属は、所属社会のみに原因があるのではなく、先進国と途上国との関係、資本主義の不均衡、社会構造の影響、途上国の発展のあり方などの結果と考える見方である＊22。

　経済成長を遂げれば貧困がなくなるわけではない。むしろ途上国の現状をみると国家主導の経済政策が進展すればするほど、格差は拡大し、貧困者がさらに深刻な状態におかれることになる。現代社会における貧困は、経済的状況だけではなく社会構造内部での階層分化の結果として生まれ維持されていることを十分に認識しなければならない。

　ここでいう階層分化とは、経済的格差、社会的差別、文化的偏見、政治的

支配（従属）が主な要素である。その中で民族、地域、性別、世代といった要素が影響し合い、人びとの主従関係が固定化する。その結果、社会内部にピラミッド構造が形成され、その底辺に社会的に弱い立場におかれる脆弱者が存在している。

貧困は自然発生的にもたらされるのものではない。それは社会関係を通じて人為的に作り出されるものであり、経済的立場、貧困への差別や偏見、社会的孤立、支配と従属の関係などの要因によって発生する。

人権の剥奪と社会階層間の差別・格差には相関関係が存在する。特に男性中心の権威社会（家父長的社会）の中では、社会的に差別される下層部分に、女性や女児がおかれ、彼女たちの人権が無視されがちで、同時に貧困状況におちいりやすい。これが「貧困の女性化（feminization of poverty）」である。女性・女児に対する人身売買は「貧困の女性化」の表れであり、国連において「女性に対する暴力」として認識されている。「貧困の女性化」現象は、カンボジア社会においてさまざまな場面にみることができる。こうした点を踏まえて、次章から女性・女児の人身売買の具体的な事例をみていきたい。

第1章

農村における人身売買被害者の実態
―― 脆弱世帯とは何を指すのか

小学校を中退し妹の世話をする少女（筆者撮影）

本章では、社会的に弱い立場にある世帯や個人がどのように人身売買に巻き込まれるのか、その発生プロセスをとらえ、人身売買被害者世帯の生活実態を把握することを目的とする。また被害者の社会関係については、農村で実際に発生した事例を通じて世帯別のミクロ面と社会構造や貧困の連鎖といったマクロ面の双方から被害者世帯を考察する。

農村の風景（筆者撮影）

1. 出稼ぎが招いた家族離散と人身売買へ誘引される背景

　父親の出稼ぎによって、家族が経済的にも社会的にも脆弱化が急速に進行する「負の連鎖」に巻き込まれたソッピア（16歳）の事例をみる。カンボジアにおいて、長期・短期を含めた出稼ぎは様々な地域にみられる一般的現象となっている。ここでは、世帯構成員の出稼ぎによる世帯の脆弱化の背景とその影響を探り、社会の周縁におかれる世帯が貧困の連鎖に陥る構図を明らかにする。

ソッピア（仮名、以下の聞き取りも同様）　16歳
＜世帯の状況＞

　父親は、タイで漁業の仕事に就いていたが、体調をくずし、帰村後は寝たきりになり、亡くなった。父親が出稼ぎによって稼いだ現金は医療費の支払いに充てたが、足りない部分を借金したために、借り入れが大きく膨らんだ。父親の死後、ソッピアと姉は親戚宅に預けられ、母親がタイに出稼ぎに出ることとなった。

＜親戚宅への引き取り後の状況＞

　母親がタイに出稼ぎに出ると同時に、ソッピアと姉は、親戚宅へ預けられた。母親に親戚宅と言われていたが、一度も会ったことのない人たちであった。その家には、食べ物や、生活用品が豊富にあり、金銭的には現金を人に貸すほどの余裕があった。オバは、豪華な装飾品を着け、着飾り、ソッピアたちの境遇とは真逆の生活環境にあった。母親がタイで稼いできたお金の一部は、ソッピアと姉の学費と生活費として親戚宅に支払われていたが、ソッピアや姉には十分に食事は与えられず、二人は厳しい生活環境におかれていた。

　母親は、タイから帰村するたびに体調が悪くなり病状が悪化していった。集落内の近隣住民からは「HIVに感染したに違いない」と噂され、ソッピアや姉は「エイズの子ども」といって嫌がらせを受け、無視されるようになった。母親が本当にHIV／エイズであったかどうかは、ソッピアは伝えられておらず事実はわからない。ソッピアと姉の献身的な看病もむなしく母親は亡くなった（2003年死去）。

　母親がタイで稼いだ収入は、母親の遺志によりソッピアと姉の教育へ使うように親戚へと託されたが、その約束は果たされなかった。母親の死亡後は、ソッピアと姉が「学校に通いたい」と訴えても希望は通らず、親戚宅で家事労働をさせられた。親戚宅ではソッピアと姉への対応が厳しくなり、身体的・精神的暴力が振るわれるようになった。

＜姉の消息とソッピアに対する暴力＞

　母の死の直後から、「親戚の友人」が度々訪ねるようになり、姉やソッピアに対して「タイへ行って仕事をしないか」「タイでは果物を売る仕事を紹介する」と出稼ぎに誘った。姉は「タイへ行くように」とオジから頻繁に促され、その結果タイへ出稼ぎに行くことになった。

　姉はソッピアに「タイに行きたくないけれど、選択肢もなく仕方がない」と言っていた。タイでの出稼ぎの準備は、オジと親戚の友人で行なっていた。オジが姉をタイまで連れて行ったとソッピアは聞いている。

　姉は、一度、村に戻って来たが、タイでのことをソッピアには一切話さなかった。ソッピアが姉にどんな仕事をしているか、どこにいるかと尋ねても答えてはくれなかった。ソッピアは「タイでの仕事の話を聞いても教えてくれなかった。姉からは「聞かないで」と言われて不思議に思ったが、質問をするたびに姉は悲しい顔をしたので、聞くのをやめた」と言う。

　その後、姉は村には戻らずに消息不明となった。そのことを知った近隣住民たちは、姉のことを「タイの売春（買春）宿に売られ、HIVに感染したに違いない」と噂をした。オジやオバたちに姉のことを聞いても「何も知らない」と言うが、ソッピアは、オジやオバたちは何か知っているのではないかと疑っている。姉が生きているのか、亡くなってしまったのか、どうなってしまったのか全くわからない状況である。「姉に会いたい」と姉を想う気持ちが強まり、涙をこぼす日々である。

　姉がタイに行ってから親戚宅では、ソッピアに身体的・精神的な暴力が集中した。ソッピアは、「暴力におびえる毎日だった」という。ソッピアは暴力を受けるたびに近所の人たちに助けを求めていたが、近隣住民はオジやオバを恐れていたので、オジやオバの目の前では助けてはくれなかった。近隣住民が親戚を避けていた理由として、違法な商売をしていたことが原因にあるとソッピアは話した。オジやオバから、木の棒で殴られるのは当たり前で、蹴られたり、ベルトや鉄の棒で叩かれるといった身体的暴力が繰り返された。ソッピアの身体には、暴力の傷跡がいくつも残ってい

> る。
> 　姉が消息不明になった後、ソッピアもタイに出稼ぎにいくよう、オジたちに指示された。オジの友人が訪問し、「仕事はタイでの家事労働で、場所は行ってみないとわからない」と伝えられた。ソッピアは、姉の件もあったことから、タイ行きは「どこかに売られるのでは」と不安であった。ソッピアへの身体的暴力もおさまることなく、タイへの出稼ぎの準備が進んでいった。その様子を不審に感じた近隣住民が、NGO に虐待の被害と人身売買の可能性の連絡を入れ、ソッピアの保護に至った。

（1）家長の出稼ぎが招いた家族離散と負の連鎖

　ソッピアの事例から、出稼ぎが世帯の経済状況や社会状況を好転させるとは限らないことがよくわかる。ソッピアの父親は、出稼ぎ先で体調を崩し、帰村後、間もなく死亡する。経済状況が少しでも良くなる望みをもって出稼ぎをしたにもかかわらず、父親の出稼ぎによって世帯が受けた影響は、貧困を加速させる要因となった医療費、それによる借金の増加、母子世帯への移行、世帯内の働き手の喪失であった。

　その後、父の残した借金を返済するためには他の家族構成員が出稼ぎに出て、現金を稼ぐ必要があった。土地を所有していないソッピア世帯は日雇い労働しか収入を得る方法はなく、その結果、母親がタイへ出稼ぎに出ることになった。残された子ども二人は親戚宅に預けられ、この状況が貧困の連鎖を加速させた。

　母親が就いていた職業をソッピアは知らないが、母親も父親と同様に、タイから帰村するたびに体調が思わしくない状態が続いていた。体調をくずしていた母親に対して、周囲の人びとの目は厳しいものであった。父親が帰村して体調をくずし寝込んだことに対しては、近隣住民から差別されたり陰口を叩かれることは少なく、むしろ同情的であった。その一方で、母親が体調をくずして帰村すると、近隣住民たちの対応が冷たいものへと変化した。

　これは本事例に限ることではなく、女性の出稼ぎ全般に指摘できることで

ある。女性の出稼ぎ者に対しては、金銭を期待に添えるほど稼ぐことができなかったことに加えて病気になり帰村すると、出稼ぎの失敗者としてのレッテルが貼られる傾向にある。農村では、男性の出稼ぎよりも女性の出稼ぎの方が経済的な向上への期待度が高いことがわかる。

　また女性の性規範として共有されている農村の慣習的な期待にそぐわない結果になると、人びとの対応は疑念に満ちた攻撃的なものとなる。ここでも体調をくずした母親に対して、就いていた職業を性産業と断定して、村の人びとは世帯全体を冷遇した。当時の農村においては、HIV／エイズに対する正しい知識や教育が行きわたっていなかったため、娘たちまでもが差別や偏見の対象となった。

　女性の出稼ぎ者が体調を崩した場合、村内の近隣住民たちは不正確な情報に基づいて差別的な発言をすることがある。こうした差別的な発言は、心身ともに疲労困憊した出稼ぎ女性たちが帰村したがらない要因の一つである。また、失敗者としてのレッテルを貼られることを恐れる女性たちは、とにかく多くの現金を稼いで帰らなくてはならないという感覚を強くもつ。農村の女性へのインタビューでは、「現金を稼いで帰らなくては」「現金をたくさん稼がないと、村に帰って何を言われるかわからない」と話すことが多い。

　配偶者や世帯内構成員の出稼ぎは、必ずしも世帯内に好転的影響をもたらすとは限らず、経済状況と世帯の社会的状況を脆弱化させる場合も多い点を認識しておく必要がある。

(2) 孤児たちのおかれた社会環境

　父母の死をきっかけに、ソッピアと姉の状況は悪化した。親戚は二人に送られた現金を奪い、孤児となった姉妹は満足に食物が与えられず、教育の機会を剥奪された。身体的にも精神的にも暴力を振るわれて人間の基本的権利と機会を剥奪された状況に追い込まれた。もはや親戚にとって姉妹は単なる金づるにすぎなかった。

　姉妹は木の棒で殴られる、蹴られる、ベルトで叩かれる、背中を鉄などで

叩かれるという暴力的かつ非人道的な状況におかれていたが、先程述べたように姉との離別後、その状況がソッピアに集中することになった。衣食住の基本的権利を奪われ、負の連鎖に巻き込まれたソッピアは、自由を与えられず自分の意志では抜け出せない奴隷同然の状況におかれた。

　カンボジアの各地では、出稼ぎに伴って上記のような悲惨な家族離散や人権剥奪の事例が生まれている。カンボジアでは、世帯構成員のいずれかの者が出稼ぎに出ていることは多いが、本事例のように父親の死による医療費の借金の返済から始まり、母親の出稼

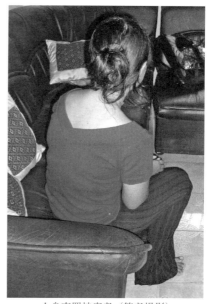

人身売買被害者（筆者撮影）

ぎと死去、親戚に引き取られる姉妹への暴力、エイズと疑われての差別や偏見、さらに姉妹の離散というように、一人の人間がより過酷な状況へおちいる過程はほとんど見えてこない。ソッピア姉妹の状況は、社会の構造的暴力により本人が意図せぬまま社会の最底辺へと転がり落ちていく過程でもある。こうした社会の底辺部では、負の連鎖により貧困の再生産がなされている。

2. 貧困と性暴力の関係

　農村での孤立は人身売買のリスクを高める。ここでは、村内での性的暴行により差別の対象となり、家族からも見放され、村にいられなくなった事例をみていきたい。具体的には、農村内での性的暴行被害が、被害者と世帯にどのように影響し、人身売買被害に巻き込まれてしまうのかについて検討する。

　以下のクンティアのケースは、性的暴行と世帯内暴力から人身売買へ連鎖した事例である。

クンティア　20歳

<世帯構成と世帯事情>

　両親と3姉妹の世帯構成。クンティアは末っ子にあたる。両親、長女とも持病を抱えており、仕事に就ける状態ではない。次女は家族を養うために、タイに出稼ぎに出て家事労働をしているが、送金は一度もない。クンティアは幼少期から、両親から蹴られ、木の棒で殴られるなど身体的暴力を受けて育った。性的な暴行被害を受けてからは、さらに暴力がひどくなった。

<仕事と借金>

　クンティア世帯は他人に野菜を分けてもらい、それを売って生計を立てている。野菜を分けてもらえないときは、物乞いや日雇いで市場や漁などの仕事を見つけ、3000リエル（75米セント）ほどの収入があった。父親の医療費の50万リエル（125米ドル）を借金し、利子が加わり計70万リエル（175米ドル）の負債がある。返済の見込みはなく、次女の出稼ぎによる送金をあてにしていたが、返済できずに借金がかさむ状況であった。

<性的暴行被害>

　17歳のとき、村に出稼ぎに来ていた他の集落の人に性的暴行をされ、誰にも言うなと脅かされた。18歳のときには、同じ村の住民に後ろから殴られ性的暴行をされ、そのときも「貧しいから訴えることも、何もできないだろう」「警察に訴えても信じてもらえないだろう」と言われた。自分の身に起きた2回もの性的暴行に耐えられず両親に話すと、性的暴行を受けたことを両親はひどく恥じた。両親は警察に通報したが、状況は改善せずに集落に噂だけが広まってしまった。以前から貧困を理由に集落内では嫌がらせを受けていたが、性的暴行の噂が広まると、村人はだれも口をきいてくれなくなった。また、集落内には親族の他に頼れる人はいなかった。

<人身売買>

　クンティアがいつものように野菜を売っていると、知り合いの男性がやってきてポイペトへの出稼ぎを誘われた。ポイペトでは、「一日2500

> バーツ（＝ 60 米ドル当時）を稼げる」と言われた。世帯内暴力を受け、村では性的暴行をされて孤立していたため、機会があれば集落から出たいと思っていた。クンティアにとって、ポイペトへの出稼ぎの誘いは願ってもない機会だった。しかし、知り合いの男性に連れていかれた場所は、ポイペトではなくタイの売春宿であった。タイへ到着するまでに、①村からポイペト、②ポイペトからタイ国内（入国と中継地）、③タイ国内の中継地から売春宿という段階を追って、計3人の斡旋人が仲介した。売春宿でお客を取ることに激しく抵抗すると、オーナー（雇用主）はクンティアに暴力を振るい毎回食べ物に薬を入れた。意識が朦朧としたが、当初は薬が入っていることには気づかなかった。眠くなり体調がいつも悪くなると感じており、後に薬が入れられていることを知った。クンティアがいた部屋には常時、鍵がかけられており、一度も金銭は支払われることはなかった。

（1）世帯が抱える経済状況と性的暴行

クンティアの世帯は、収入が日額2000リエルから3000リエル程度と非常に困窮していた。土地は所有していないため、自給自足が難しく十分な食料が得られない状態であった。クンティアは17歳と18歳の2回にわたって性的暴行被害にあったが、2回とも被害状況は酷似している。彼女は後ろから殴られて暴行された後、加害者から「誰にも言うな」と脅された。クンティアによると、「貧しかったから自分たちには何もできず、警察に訴えないと加害者は思っていた」という。このような状況を作り上げているのが構造的暴力であり、社会的に弱い立場にある人びとの声は社会に届かない。

クンティアの両親が警察に被害を通報すると、村内に暴行被害の件が知れ渡り、クンティアの世帯は村人から嫌がらせを受けるようになった。一方で、筆者による性的暴行を受けた少女への聞き取り調査では「近隣の人に助けてもらい、加害者を見つけ出した」「村長たちが助けてくれて、犯人を逮捕した」というポジティブな事例も存在した。また、村人たちが加害者を見つけて、裁判にまで発展する事例もある。こうした集落では、性的暴行被害から、

人身売買被害へと問題が発展することはなかった[*1]。

　犯人の検挙、裁判にまで進んだ事例と、性的暴行から人身売買まで被害が連続する事例との相違点は、農村内の連携や相互扶助関係の有無にある。村内において、支援団体や近隣住民たちの協力など、貧困世帯が経済的な支援が受けられる場合とそうでない場合では、貧困世帯の状況は大きく異なる。集落内居住者の相互協力体制の存在は、人身売買に巻き込まれる可能性を小さくし、貧困者の人権やさらなる貧困化を防ぐ手段として機能する。

　他方、住民から嫌がらせや差別を受ける世帯は、近隣住民との接触が少なかった場合が多い。貧困を理由に差別や偏見の対象となると、生活圏内において孤立し近隣住民で形成される相互扶助組織を基盤とする小規模コミュニティから排除されてしまう。その結果、人身売買状況を回避することが困難となる。

(2) 負の連鎖——孤立と「恥」

　クンティアは性的暴行により生活が苛酷な状況へと大きく変わった。両親は性的暴行を「家の恥」だと感じ、「性的暴行被害にあった頃から両親の態度も冷たくなり、暴力が過剰に振るわれるようになった」という。

　性的暴行にあった他の事例では、家から出されたり親しい人からも無視されるといった証言もある。家族や周囲の人びとによる厳しい態度の背景には、カンボジアの社会規範ならびに性規範を根幹とした恥の意識が作用している。

　このように負の連鎖は、農村の社会構造に内在する要因により作られる。本事例では、社会的に脆弱な状態にあると、貧困、性的暴行、性規範からの逸脱による差別や偏見、集落内の孤立といった出来事が同時に発生することを示している。経済的に困窮している人びとは、構造的暴力にさらされた後は市場経済の中でもさらに搾取される状況となり、人身売買市場へも導かれやすい。

3. 農村内の差別と帰村への恐怖

　農村出身の人身売買被害者は、帰村に消極的であることが多い。その理由として、農村には相互扶助といった包摂の面（プラス面）と、伝統的社会規範や社会的地位の階層化による抑圧・排除の面（マイナス面）がある。人身売買被害者には、特に伝統的社会規範に伴う抑圧と排除の側面（マイナス面）が強く働き、帰村が困難になってしまう。

　ロタ（14歳）は、人身売買被害から救出・保護されて帰村したが、人身売買被害を理由に不当な差別や偏見を受けて、村落にいられなくなってしまった。以下のロタの事例は、人身売買被害者が社会の構造的暴力から脱却することがいかに困難であるかを示している。

ロタ　14歳
＜世帯状況＞

　母親、兄弟姉妹（計5人）の世帯構成である。父親は、建設業の出稼ぎ労働者で、現在出稼ぎ中である。父親からの送金を借金の返済と生活費にあてるつもりでいたが、父から送金されたことは一度もない。そのため、ロタの家族は土地を売却して現金にし、その後は居住場所を転々とすることになった。市場で余った野菜をもらい魚をとるなどして生活を維持している。ロタは「米や日用品を買うために借金をした」と母親から聞かされていた。金銭的な余裕はないため、ロタと兄弟姉妹は学校へ通ったことはなく、食事も十分にとれない状況であった。

＜人身売買＞

　ロタ世帯に「同じ村に住んでいる者だ。困っているなら相談にのる」という人物があらわれた。その人物は、ロタから生活状況などを聞きだして、何度も訪ねて来るようになった。ロタの家を訪問する度に、苦しい経済状況などの相談にのっていた。ロタ家族は、その人物に信頼を寄せるようになり、親切にしてくれる友人としての関係を続けていた。しかし、ある日「お金に困っているのならタイに行って仕事をしないか、タイへ行けば1万

バーツから5万バーツ程度は稼げる」と勧められるようになった。現金収入のないロタの世帯にとって、それらは大金であった。その人物からは仕事の詳細は伝えられなかったが「信頼のできる知り合いに頼むので、タイに行けばわかる」と言われ、母親はロタをタイへ行かせることに決めた。そして、斡旋人がすべての越境の準備や手配を行なった。

タイへの越境は、深夜に密林を通って国境を越えるルートであった。森を抜けた先にタイ側の斡旋人が待っており、ロタを売春宿へ連れて行った。売春宿に着いた時、ロタは騙されたと気づいた。ロタは、夕方から夜は売春宿におかれ、昼間はオーナー（雇用主）の家で家事労働を強制させられ、その雇用主からも性的虐待を受けていた。

＜帰村と差別・偏見＞

ロタは一度だけ、斡旋人と一緒に出身の村に戻ることが許された。雇用主からは、「タイで起こっていること、何をされたか、どこにいるのかなどは一切言うな」と脅され、「誰かに言ったら、家族を殺す」と告げられた。ロタは、その状況に耐え切れず、村に帰ると母親にタイでおかれている自分の状況を伝えた。すると、母親は驚き、警察に通報して斡旋人の逮捕に至った。しかし、集落内では直ぐにロタがタイの売春宿にいたことが知れ渡り、村中の人から「外国人に性的暴行された娘」「身体を売った娘」「売春婦」などと罵られ、以前は仲の良かった村人も口を利いてくれない状態になった。その後は、ロタだけでなくロタ家族も村人から同様の扱いを受けるようになった。

警察からNGOに人身売買が発生したとの連絡が入り、NGOはロタが村落内で不当な差別や偏見による二次被害を受けないように、また他の斡旋人によって再び人身売買の被害に合わないように保護した。ロタは、「村に戻り家族と一緒にいたいが、斡旋人たちが刑務所から出て、いつ村に戻ってくるかわからない。戻ると殺されてしまう。また、村の人たちからも嫌がらせを受けているので戻れない」と嘆いていた。ロタは、人身売買の被害者であるにもかかわらず、自分が性的暴行を受けたことを責めてお

り、「この先どうすれば良いのか。本当に自分が嫌になる」と繰り返し訴えている。

(1) 相互扶助からの排除と職業斡旋人――恐怖の連鎖

　ロタ世帯は、近隣社会の相互扶助や世帯構成員同士の連帯による小規模コミュニティの中には入れず、居住地域で孤立していた。前述したクンティアのケースにも見られたが、コミュニティの相互扶助からの排除は、限定化された社会において地域のセーフティーネットを失うことを意味し、貧困の連鎖を招く。

　ロタ世帯が人身売買市場と結びつくことになった直接の契機は、コミュニティからの排除と斡旋人の存在である。斡旋人は、ロタ世帯の生活状況を調査することを目的として幾度もロタの家を訪れた。親しい友人がいなかったロタは、斡旋人に対し「自分たちに親切にしてくれたので、友人だと思っていた」という。斡旋人の「タイに行けば稼げる」という言葉は、窮乏化していたロタ家族にとって、「現状から脱却することが可能かもしれない」といった希望を抱かせた。しかし、その人物にロタは売られたのである。

　ロタの人身売買被害が発覚したのは、ロタの一時帰村の時であった。ロタは母親に自分の状況を伝えたが、このように被害者が自分の状況を周囲に伝えるのは、筆者の被害者聞き取り調査の範囲ではきわめて稀な事例である。一般的には、被害者が一時帰村をしても、斡旋人や売春宿の主人などからの脅しと暴力への恐怖、近隣住民からの差別や偏見などの理由から、口を閉ざすことが多い。ロタは、「自分が村に戻っても、斡旋人たちが刑務所から出てきたら殺されてしまう」と、強い恐れを抱いている。被害者たちは、少なからず斡旋人や雇用主などから脅迫されているため、帰村に対して「家族の身に何か起こったら」といった不安や恐怖により、帰村を断念してしまう。

　別のケースでタイへ売られた11歳の女児も「家族と一緒にいたいが、自分がいた村には戻りたくない。その理由は、いまだに貧困であること、戻れば売春宿にいたと嫌がらせを受ける」と述べている。他の証言では、「帰村

したくても、帰村できない」「家族と一緒に暮らしたくても、周囲の人に何を言われるかわからないから帰村できない」「自分が売春宿にいたことがわかれば、馬鹿にされるだけだ」「住民たちから嫌がらせをうけると思う」といったものがある。

　自分の出身村へ戻りたがらない被害者らの共通の理由は、「近隣住民たちに何を言われるかわからない」という差別や偏見に対する恐れである。社会の規範から逸脱したものを排除する性質は、固定的な農村社会に見られる負の側面である。帰村後の二次被害が多いのは、村内からの排除によって再び人身売買へのリスクが高まるからである。人身売買被害からの保護と帰村自体が当該世帯の状況を悪化させる場合も多いことは、十分に認識しなければならない。

(2) 被害者における罪の意識

　農村における被害者と当該世帯への排除は、被害者の罪の意識にも大きく影響している。被害者は「自分が騙されたのがいけなかった」「売春宿に売られてしまった」「自分が悪い」と自らを責めることが多い。このような考え方は、社会規範や性規範からの逸脱に対する後ろめたさと、村に戻った際に村人から非難され排除された経験に基づいている。

　先程述べたように、ロタは「自分が嫌になる。売春宿に売られたから、この先どうすれば良いのか。本当に自分が嫌になる」と繰り返し訴えている。被害者は、こうした罪の意識から自暴自棄になる場合も多く、シェルター（一時保護所）に保護された後に自傷行為や自殺未遂を起こす場合も少なくない。

　こうした人身売買被害者を対象に、出身村への帰村を主な目的として、職業支援プログラムが多くのNGOや国際援助機関によって展開されている。一方で、それらの支援プログラムが出身村への帰村を目的とすることに固執するあまり、被害者にとって帰村がどのような意味を持つのかについて十分検討していない団体もあり、注視する必要がある。

第 1 章　農村における人身売買被害者の実態

差別を原因とし集落の奥地に孤立して居住する世帯（筆者撮影）

　取り組みとして重要なことは、農村の脆弱世帯や人身売買からの帰村者などに対するセーフティーネットを村人の意識改革を含めて十分に整備、検討する必要がある。それは人身売買被害者を世間の差別や偏見による村内での孤立から守り、二次被害や貧困の再生産を防ぐことに繋がる重要なものである。また、そうした取り組みは同時に、脆弱者が主体性をもって取り組んでいける場を形成することにつながる。

まとめ——人身売買被害者からとらえる農村社会

　本章では、3つの個別の事例を元にして、農村における人身売買プロセスと二次被害の実態について見てきた。出稼ぎや世帯内暴力によって家族離散が発生し、その後人身売買の被害にあった世帯は、社会の構造的暴力や農村の規範による抑圧によって、自らの状況を改善できずにいた。また変化を生み出す行動を起こすことが困難な状況にあった。

　人間関係が固定化している農村では、人身売買被害者に対して社会規範や性規範から逸脱したとレッテルを貼って帰村をはばむ。被害者自身もそのよ

うな環境下で帰村を断念する傾向が強い。出身農村は、本来は被害者に対して安全な場所を提供し、継続的な保護や自立を支援する場を設ける必要がある。しかし、多くの農村は、被害者の人権を尊重する環境を整備していないどころか、人身売買被害を受けた後に、差別・偏見という二次被害を生み出す場になっている。

　これらの状況は、構造的暴力とカンボジア社会の権威主義や文化的規範などが組み合わさって形成されている。経済的な成功者を頂点におき、社会的な脆弱者を最下層におく階層関係によって、貧困世帯への差別や人権剥奪は再生産され貧困の連鎖を招く。農村において発生する人身売買は、個別の事例の背後にある社会構造と文化的視点の双方からとらえていかなくてはならない。

第2章

国境地域における人身売買被害者の実態
―― 周縁の地に引きよせられる人びととは

タイ・カンボジア国境で重労働に従事する人びと（筆者撮影）

本章では社会的に脆弱な人びとが、一度貧困の罠にはまってしまうと、負の連鎖を容易に断ち切ることが困難な実情について考える。国境を越えた人身売買はどのような場所や地域で発生し、どのようにして人びとが商品としてシステムに組み込まれていくのか。そのプロセスを事例からみていく。

1. ポイペト国境地域とは

　タイとの国境（サケーオ県、アランヤプラテート）に接しているポイペトは、カンボジアの北西部のバンティミェンチェイ州に属している[*1]。カンボジアの歴史を振り返るとタイとカンボジア国境周辺地域にはポル・ポト政権崩壊後の1979年から1993年にわたって難民・避難民キャンプが広がっていた。キャンプにたどり着いた人びとは最も多い時期で、65万人前後にも膨れ上がった。

　タイ・カンボジア国境に点在した難民キャンプのうちカオイダン難民キャンプ以外は、反政府組織の兵士の存在や政治介入がなされ軍事拠点とみなされた。通常、国際機関による難民支援は、人道保護権限はもちろんのこと、第三国への定住などの再定住支援権限をもつ国連難民高等弁務官事務所（the Office of the United Nations High Commissioner for Refugees: UNHCR）が行なう。しかしカオイダンキャンプ以外は、UNHCRに代わり1982年に暫定的に設立された明確な保護権限を持たない「国連国境救援機関（the United Nations Border Relief Operation; UNBRO）」によって、タイ国境に逃れてきたカンボジア避難民への人道的緊急一時支援が行なわれた。よってこれらの人びとは「国内避難民（Internally Displaced Persons : IDPs)」の保護という支援対象となった。1992年の国境キャンプ帰還計画時には、35万3000人が国境付近にあふれていた。

　難民・避難民帰還計画後も戻る場所を失った人びとが、路上生活者となってポイペトに押し寄せ、援助機関によって再定住地が作られた。ポイペトは、牧歌的な農村風景が広がる地域ではなく、居住地から少し外れると地雷が埋まっていることは珍しくない。難民キャンプ閉鎖後に援助機関によって造ら

れた居住地区は、農業を営める規模の広さではなく家屋を建てるのみの面積である。

その後、国内の経済発展を追い風に、タイ・カンボジア交易量を誇る要所となり、国内から職を求めて移住者たちが集まって来た。ポイペトの人びとの労働形態は、国境をタイ側に越えると所有面積が25ヘクタール（ha）程の巨大なロンクルンァ市場があり、そこでの肉体労働、タイとカンボジア間に発生する小規模な物流貿易のリアカーを使った運び屋、国境間にそびえ立つカジノ内や、カンボジア側に集結する製造工場などである。国境を越え、タイ側の市場やタイ側とカンボジア側を往来する荷引きの仕事をするカンボジア人は、一日10バーツを支払い、国境ゲートを越えて市場に通っている（調査時）。

タイ・カンボジア国境の様子（上段：ロンクルンァ市場に向かうために国境の開門を待つ人びと。早朝には長蛇の列ができる。下段：国境間で荷物を運ぶ人びと）（筆者撮影）

現在では、多国間の活発な経済活動を目的としたメコン河流域諸国（大メコン圏、Greater Mekong Subregion：以下GMS）の南部経済回廊の拠点で、世界市場につながる重要地となっている。GMSの物流経路の一端を担うと同時に、国内の「経済特別区（Special Economic Zone: SEZ）」の一つにも指定されている。経済特別区では、法的に外資を優遇する制度が適用されている。そのため経済特区の影響から外資企業が増え、同地域での産業が吸収する雇用効果は大きく、遠隔地からの移住者の雇用を支えている。

　労働者たちは、労働機会と生活改善を求めこの地にやって来る。しかし、技術をもたない最貧困層のカンボジア労働者たちの大半は、苛酷な肉体労働に就き、タイ側であってもカンボジアの最低賃金と同額の収入しか得ることができない。すべての人びとが皆、期待通りの移住労働が行なえているとは言いがたい。

2. 国境地域の集落を形成する人びとの特徴

（1）調査地の概要

　ポイペト地域内でも、貧困層が多く人口の流動性が激しく、治安も行き届きにくく、人身売買がきわめて高い頻度で発生していたＡ村とＢ村で聞き取りを実施した[2]。当該地は、帰還民（難民・避難民）世帯や移住労働者らが集まる集落である。Ａ村、Ｂ村における女性（女児を含む）の人身売買被害をみると、NGOが保護した数だけでも、1年の間にＡ村での被害件数は4件、未遂2件、Ｂ村は7件であった。NGO職員は「この数字は氷山の一角にすぎない」という。

①Ａ村の概要

　Ａ村は1998年に「難民再定住計画」の一環としてつくられた。路上生活者のなかでＡ村移住の対象となったのは経済状況がより逼迫している世帯、子どもの養育数が多い世帯、母子世帯であった。そのためＡ村の移住者たちは、物乞いなどをして生計を立てていた者が大半で、仕事や住居などを

もっていない人びとであった。当時を知る住民は「集落内ではギャンブルやドラッグなどが蔓延していった」という。A村は、国境に近いため、早い時期から、農村から仕事を求めてくる人びとがあらわれ居住者に流動性があった。その後、他州からの移住労働者が増加し始めると、住民内で土地の売買が繰り広げられるようになった。

②B村の概要

　B村は、比較的新しく形成された集落コミュニティであり、季節労働者の出稼ぎ者や、農村からの移住世帯などによって形成されている。どの家屋も建て貸し住居となっており、一日15バーツを各地主や家主などに支払う（調査時）。15バーツを決められた期日に支払わないと、原則としてその時点で出て行かなければいけない。住民によると、かつては居住費を払うことなく住んでいたが、プノンペンから地主や家主と名乗る人物があらわれ、「家賃」として、賃金を徴収しに来るようになったという。

　家屋の形態はどの住居も似た造りになっており、木造の高床式で二階部分に六畳程度の一間がある。壁は家屋によって異なるが、竹かトタン、新聞やビニールで囲まれている。しかしそれらがなく吹き抜けとなっている場合もある。二階の床部分は、かなり老朽化し、床下（地面）が見えている状態が多い。

　集落内には、失業中の者も多く、麻薬や覚醒剤の密売者も存在すると住民の間では囁かれており、住民たちは他人を警戒し、相互に干渉することが少ない。筆者が聞き取り調査を行なった一人の女性も、「夫は何の仕事をしているか決して教えてはくれず、15日前に、突然知らない人が家に来て、連れて行かれてしまい戻ってこない。もしかしたら、薬の売買をしていたのかもしれない」という。

(2) 居住者の分類と世帯構成

　国境地域の集落居住者を分類すると、1）国境キャンプ出身者、2）内戦終

結直後に移住してきた世帯、3）事情を抱えた女性移住者（母子世帯、家庭内暴力などから逃げて来た人など）、4）国境への移住しか選択肢が残されていなかった移住者（経済的貧困、土地なし、差別や偏見などから逃げてきた人）、5）稼得を目的として一時的に滞在をしている移住者、6）出身農村の土地もすべて売り払い移り住んだ移住者などである。

　世帯構成のありかたも様々で、親子の世帯、兄弟姉妹や祖父母と孫の世帯、オジ・オバと甥姪など親族同士の世帯、母子世帯や女性の単身同士の世帯などがある。この多彩な世帯構成は、国境集落の特徴である。

　世帯構成員が就いている職（現在、何／どのような職から現金を得ているのか）は、無職を除き、荷引き（リアカーによる荷物の運搬）、建設業、市場内での日雇い労働、洗濯業、物乞い、路上での物売り、製造業、養豚業、家事労働、通訳、カジノ内のサービス業などであった。国境地域に来れば、職を得ることができると思っていたが、「簡単には職に就くことができない」と人びとは口にする。

　給与（現金）の支払い方法は、主に日払いで、通訳などの職に就き高額な者も稀に見られるが、平均100バーツ前後であった（調査時）[*3]。この賃金は調査時（2006年）のタイの最低賃金である北部パヤオ県の140バーツ（日給）よりも低い。つまり、タイ側での労働であっても、法的な最低賃金は守られていない。居住者たちは、食費を含めすべてを現金で購入しなければならないため、世帯の収入は「手元に残らない」という。かれらの生活状況は、その日暮らしである。

　近年では経済特別区となり、住民間に経済的な格差が生じている。それは、手に職をもたず教育を受ける機会がなく、合法と違法の狭間で職を得て最低賃金以下で働く人びとと、農村出身の一時出稼ぎ者の間での格差である。ポイペトの居住者すべてが最貧困層ではなく、安全な雇用環境のもと、自らの技術や経験を生かして職を得ている人びともいる。しかし、手に職をもたず、教育機会がなかった最脆弱者層の人びとは、依然と水面下で取引されるリスクの高い職へと巻き込まれている。

（3）近隣住民との関係

　A村とB村で聞き取りを行なった結果、近隣住民同士の関係は希薄で「近隣住民と良い関係をもっている」と回答した世帯は皆無であった。その理由は、「自分たちのことで精一杯だから、他人に気をとめている時間はない」「どこの誰かわからない人ばかりだから、声はかけない」「人の出入りが頻繁で知らない人ばかり」という。

　住民に集落が抱える問題を尋ねると、配偶者間暴力（DV）、近隣住民とのトラブル、薬物依存、アルコール依存、児童虐待などがあがった。近隣住民は、「常にどこかで怒鳴り声が聞こえる」と言い、村長らも「子どもたちは、両親や近隣住民らの暴力沙汰の光景に慣れてしまっている」と嘆く。

　ポイペトには、現在に至るまで国際機関やNGOの援助機関が存在してきた。供与されてきた支援の多くは、緊急支援や、路上生活者や貧困世帯への支援、教育支援、強制送還や人身売買被害者らへの帰村援助や緊急保護支援などであった。しかし、それらの援助は、現状を見る限り住民らに継続的な効果をもたらしてはいない。

表2-1　地域や世帯内に抱える問題

地域や世帯内に抱える問題　（複数回答）	A村該当数	B村該当数
配偶者間暴力	8	4
薬物依存	2	0
アルコール依存	2	0
近隣住民とのトラブル	5	3
児童虐待	2	3
合計	19	10

（筆者による調査結果から作成）

3．帰還民世帯と貧困

（1）ポイペトと帰還民世帯との関係

　国境キャンプからの帰還は、国連難民高等弁務官事務所（UNHCR）の指

出稼ぎ移住者集落（上）と国境奥地の集落の家屋（下）（筆者撮影）

揮のもとで行なわれ、国際社会では成功したとみなされている。しかし、現在Ａ村に居住する帰還民には、肉親・身内を亡くし元の地域に戻ることができず路上で生活していた者、元の地域では既に土地の再分配がなされており自分の土地を失ってしまった者、元の地域が地雷原となり生活が困難となった者、行くあてがなく路上で生活していた者などがみられ、現在も貧困から脱却することができずにいる。

聞き取り対象者25世帯の内、国境キャンプからの帰還民は12世帯おり、現在では出稼ぎを手段として、生活を営んでいる。カンボジアの内戦の歴史を背負った国境キャンプ出身の人びとが、現在、どのような状況におかれているのか、またどのように人身売買へと巻き込まれるかを事例から検証する。

(2) 帰還民世帯にみる人身売買被害

マネット　17歳
現在同居している世帯構成：母、姉、妹
〈国境キャンプからポイペトへ〉
　マネットの両親は国境キャンプを出た後、行くあてなく路上で転々と生活をしていた。物乞いをしているとき、「NGOから住居がもらえる」と聞きつけA村に移住した。住居は与えられたが、食料を得る手段がなく、生活は好転しなかった。A村には数年間、外部支援が入り住民の生活支援を行なっていた。援助機関が撤退した後には、自分たちで生活のための仕事を見つけなければならず、失業が続く父親はアルコールに依存し、母親や子どもたちに暴力を振るうようになった（父親失踪中）。
〈生活状況〉
　姉が荷引きの仕事をして稼いでいるが、その収入だけでは生活することができず、借金をして生活の足しにしている。高利貸しには、質に入れるための品（バイクやテレビなど）がないので「お金は貸せない」といわれた。そのため、知り合いから「タイで働いている姉が返済する」という約束で借金を重ねている。
　食事は一日一回で、飲み水は村にある井戸水を沸かして飲んでいる。マネットそして姉妹も学校へは一度も通ったことがない。現在、マネットは体調が悪く寝込む日が多いが、医療費を払えないので、医者にかかることも薬を買うこともできない。この居住地では、薬（覚せい剤）の売買やギャング同士の争い、盗みなどが絶えないので、夜は外に出ないようにし

ている。
〈人身売買の被害〉

　人身売買の被害にあう以前、マネットはタイ・カンボジア国境で荷引き仕事の日雇いや、集落内での洗濯仕事などに従事していたが、生活を支えるには厳しかった。両親が病弱なため、働くことができなかったので、マネットはタイ側の市場へ行き、仕事斡旋人を探した（当時15歳）。タイ人の仕事斡旋人がマネットに「タイでウエイトレスにならないか。月に5000バーツを稼ぐことができる」と声をかけてきた。マネットは、母にタイへ行きたいという意思を伝えたが、母は「危険だから」とタイで働くことに反対した。しかし、マネットは「自分の村には多くの人がタイへ出稼ぎにいっているので大丈夫だ」と信じ、自分自身の意思で、家庭の状況を考え出稼ぎに行こうと決心した。しかし、マネットは、仕事斡旋人に、当初の約束であったタイではなく、マレーシアの売春宿に売られる結果となった。
（中略）
〈帰村そして再度の被害〉

　マネットは、売春宿から逃げ出し、路上にいたところを、マレーシア警察に保護され（6ヵ月間マレーシアで保護）帰国に至った。帰国後、NGOに保護され、自分の村に戻ると、マネットが売春宿にいたことが近隣住民に知れ渡った。村では人の流動性が高く、人間関係が希薄であったため、転村をするまでには至らなかったが、噂が広がるのを恐れ、人目のつかないに場所に移転することとなった。村にいても仕事はなく、生活をしていくことは困難だったため、マネットは再度タイ側の市場に行き、顔見知りの仕事斡旋人に仕事を探してもらった。顔見知りの斡旋人から「タイのレストランへ行くと月に2000バーツ稼げる」といわれ、その言葉を信じ、斡旋人と共にタイへ行った。マネットは「顔見知りであったために、騙されるとは思っていなかった」という。しかし、連れていかれた場所は、タイのレストランではなくタイ中部の売春宿であった。マネットは「また騙された」と思い「本当に苦しかった」という。その売春宿では、客だけではな

く、売春宿の主人にも性的暴行を受けた。その当時から、腹痛、頭痛、微熱が常にあるなど、マネットの体調に異変が起こるようになった。売春宿の主人に体調の異変を訴えると、「カンボジアに戻ってよい」といわれ、タイ側の仲介人同伴のもと、国境付近まで戻って来た。国境付近に一人でいるところをカンボジアの国境警察に尋問され、支援機関に連絡が入り保護に至った。現在マネットは、病気を患っており「呼吸をするのが苦しい」と訴える。

①元難民世帯の生活実態と人身売買

　マネットの両親は、難民キャンプから帰還した後、物乞いをしながら路上生活をしていた。行くあてがなく、その日暮らしの生活を送っていて経済状況は不安定であった。「土地がもらえる」という理由でＡ村に移住したが、生活の先行きなどについては考えが及んでいなかった。

　帰還民のなかには「（援助団体が）どうにかしてくれると思った」「生活が困れば（援助支援団体が）また来てくれる」という回答もあった。かれらの行動パターンや意識の特徴として「子どもたちから養ってもらっている」「娘たちを働かせる」「NGOが支援してくれる」といった他者への依存度が強い。自らの生活を改善する姿勢は消極的である。

　マネットの母親（父親は失踪中）は病弱で失業状態にあり、子どもが現金を稼いでくる役目を担っていた。マネットは職を見つけるため、タイ側のロンクルンァ市場で仕事斡旋人に接触した。それが人身売買の被害にあう発端となった。「村にも仕事斡旋人は出入りしていたが、性的暴行を受けたり、騙されたりする話を聞いていたので、タイ側の市場へ行き信頼できそうな人を探した」という。

　国境地域の場合、人身売買被害者が能動的に斡旋人に接触し、自ら出稼ぎの決断を下す傾向が強い。一方、農村の場合、仕事斡旋人が対象者を探し直接勧誘を行なっている。被害者の出稼ぎの決断も両親、親族、知り合いといった他律的な力が働いている場合が多い。

ポイペトは、労働の場を提供するタイ市場、さらにその先の市場につながっているため、仕事斡旋人が多数存在し、人びとを磁場のように引き付けている。事例からもわかるように、斡旋人のネットワークが国境を越えて広がっているため、カンボジア国内にとどまらず、タイ、マレーシア、インドネシアなどの諸外国に売買／取引される。

マネットがマレーシアから保護され帰村した後、噂や偏見は農村ほどの厳しいものではなかったが、NGOのすすめもあり二次被害を避けるため、人目のつかない場所に移転した。マネッ

マネット（筆者撮影）

トは生活のため、再度、仕事を求めて以前とは異なる職業斡旋人に声をかけた。そして、2回目の人身売買が発生し、タイの売春宿へ売られた。リスクがあることがわかっていても、出稼ぎを選択しなければ、生活を送ることが困難な状態におかれていた。

「再度、騙されるとは思わなかったか」という質問に対し「顔見知りだから大丈夫だと思った」という。被害者らは斡旋人（仲介人）のことを「顔見知り」「知り合い」と表現するが、「顔見知り」「知り合い」が意味する人間関係の深さには、国境地域と農村では違いがある。国境地域で被害者たちにどの程度の「知り合い」なのか（関係性）を聞くと「何度か市場で話したことがある」「その人から果物を何度か買ったことがある」という程度で、人間関係の結びつきそのものが薄かった。

②元難民世帯と社会構造

　マネット世帯は、人びとが貧困から抜け出すために目指す国境地域に、長期にわたり住み、生活の向上を望んでいたが慢性的な貧困状況にあった。ポイペトでは、「就職口」を提供する人身売買斡旋人／仲介人と、その対象となる脆弱な立場におかれている人身売買被害者の間には、「支配」と「従属」という目に見えぬ構造が存在する。この構造にマネットはすっぽりと入り込んでしまった。弱い立場におかれた人びとは、自律性と人間の尊厳を社会の構造的な暴力によって失わされ、強い立場の人びとや集団に客体として振り回される。

　帰還から20年以上が経った今でも、帰還民たちの多くは、負の連鎖から抜け出すことが困難であった。それは、ピラミッド構造の底辺部に押し込まれ続けていることを意味する。いつの時代でも絶えず社会はその構造内に弱者＝周辺／周縁の存在を作り出し、強者と弱者の従属関係を維持し、貧困は再生産されるのである。このような状態では、社会構造そのものが、弱者に対して、暴力的にならざるをえないのである。

4. 断ち切れぬ負の連鎖と移住世帯

　国境地域では、職を見出す利点がある一方、農村とは異なり日常のすべてに現金が必要となる。リスクを承知で合法と違法の狭間のなか、国境を越える日雇い労働者たちもいる。非公式ルートでの越境には、国境警察や斡旋人（仲介人）への賄賂が発生する。

　農村からの移住者たちは、予想していた状況とは異なる現実を受け入れ難く、ギャンブルやアルコールに溺れるものもいる。本調査時の人身売買被害者の聞き取り対象者50名中13名はポイペト出身で、また農村出身者のなかでも、9名はポイペトを経由あるいは最終地として被害にあっている。これらの数字からも、カンボジア全土に広がる人身売買ではあるが、特にポイペトにおいて被害が蔓延していることがわかる。

　他地域と比較してみると、ポイペトで人身売買が頻発している背景には、

世界経済の成長地域としての東南アジア、そのセンターとしてのタイ経済の繁栄がある。こうした経済的な需要に比例してこの地域には職業斡旋人も多い。この職業斡旋人層から人身売買斡旋人（仲介人）も生まれる。仕事を求めてポイペトに来る人びとは、東南アジア経済の成長をその底辺から雇用形態も不安定でリスクの高い肉体労働によって支えているのである。

　ここでは移住世帯がどのように人身売買へと巻き込まれていったのか、その原因とプロセスを事例からみてみたい。

（1）母子世帯と人身売買――被害者を生み出す環境とは

> **ニィアム　43歳（女性）**
> 同居している世帯構成：女児（9歳）
> 〈移住した経緯とポイペトでの生活状況〉
> 　義理の母親と夫からの暴力に耐えられず、娘を連れて逃げるようにポイペトに来た。両親、兄弟姉妹は内戦で死亡し、親族はいるが連絡はとっていない。ポイペトで出会った男性と同居をはじめたが、男性は失業中で、酔っ払うとニィアムの頭を石で殴るなど暴力を振るった。警察に男性の暴力を訴え保護を求めたが、解決にはいたらなかった。警察への訴えを知った男性は怒り暴力は悪化した。村の住民たちには恥ずかしくて、暴力を受けていることは言えなかった。男性は、子どもの前でも日常的に暴力をふるい、暴力はエスカレートしていった。ニィアムは男性に頭を殴られ、負傷し手術が必要となったが、現金がなかったため所有していた土地を売却した。売却して手にした現金は、手術代（病院代）と借金の返済でなくなった。同時期に、男性は他の女性と住むようになり、家を出て行った。
> 　土地を売ったので、元の場所にはいられなくなり住めそうな場所を見つけ移転した。そこは水はけが悪く衛生状態が良くなかったが、他に選択肢はなかった。家屋の周辺には、悪臭が漂い、屋根が簡単なトタンでできており、雨水が家の中に吹き込んでくる。住居のドアは閉まらず、室内は4

畳程度で、衛生面において好ましくない状態にある。
〈娘の人身売買〉

　4ヵ月前に、同じ村の顔見知りの女性（後に人身売買斡旋人と判明）が、2歳の娘を「タイで物乞いさせるから貸して欲しい。良く面倒みるし、十分に食べ物も与える」と訪ねてきた。娘を女性に「貸す」期間は1ヵ月で、支払われる金額は1000バーツの約束だった。女性（斡旋人）の申し出に対して不安はあったが「娘に与える食事にも苦労し、現金が必要だったので承諾した」。日頃から相談相手がいなかったため、娘を「貸す」ことについて誰にも相談しなかった。タイへの行く準備などすべて「知り合いの女性」が行なった。

　しかし、約束の金額も払われず、娘は3ヵ月経っても帰ってこない（筆者の聞き取り調査時は、子どもを貸し出して3ヵ月が経過していた）。心配になって女性（斡旋人）の息子に事情を問いただすと「詳しいことはわからない」と言って、現金1500バーツが支払われた。「娘を返して欲しい」というとその女性はその後、姿を見せず、会うことすらできない。

　娘がタイに行ったのか、生きているのかもわからない。その後もニィアムが斡旋人の息子に娘のことを聞いても「細かいことは知らない」としか言わず、何ひとつ教えてくれない。ニィアムは「心配でたまらなく、娘を渡さなければ（貸さなければ）よかった」と自分の行為を悔やんでいる。

　また9歳の娘に対しても、別の職業斡旋人が「タイで物乞いをさせ月に2000バーツ支払う」と頻繁に訪ねて来る。ニィアムは「もうタイへ行かせるつもりはない」と涙ながらに訴える。

　ニィアムのポイペトへの移住の動機は、家族の暴力から逃れることにあった。通常カンボジアでは「母方居住」といって妻方の家に夫が同居するのが普通だが、ニィアムの場合、両親が死亡していたため、夫方の家にニィアムが同居する形となった。ニィアムは、同居していた義理の母親との関係がうまくいかず、暴力から逃れるため子どもを連れ、ポイペトへ来た。

しかし暴力から逃れてきたにもかかわらず、同居した男性に暴力を振るわれ、再度、暴力におびえる日々を過ごした。ニィアムは「子どもの前で暴力を振るわれる日々が続くと、自分自身も子どもに暴力を振るってしまった」という。このことから家庭内の権力構造によって強者から弱者へと暴力が連鎖していたことが見て取れる。

ニィアム（筆者撮影）

通常、国境地域では、労働の機会を望む本人が職業斡旋人に声をかけ、仕事を斡旋してもらう形態が主流となっている。しかし、この事例では、斡旋人から声をかけてきており、ニィアムの子どもは確実に「商品になる」＝「人身売買の対象となる」とねらわれていた。子どもの人身売買は、低年齢になればなるほど、大きな利益を得ることができるため、2歳であったニィアムの子どもは、高価な商品であった。

斡旋人は、ニィアムの子どもの証明書写真を撮るなど書類を作成したという。文字を読むことのできないニィアムは斡旋人が用意した書類が何を意味していたのかは把握できていない。斡旋人は、タイに行くための書類だと説明をした。

ニィアムは子どもを売った加害者なのだろうか、それとも被害者なのだろうか。人身売買問題を理解するには、被害当事者、ならびにその世帯にもたらされていた「背景」や「構造」の理解が必要である。その社会から世帯の人びとに向けられた暴力のあらわれ方、脆弱者の成立、脆弱者（母親－子ども）がいかに人身売買と暴力の連鎖に巻き込まれていったのかについて認識する必要がある。

（2）土地なし世帯と人身売買

> **スレイモン　14歳**
>
> 世帯構成：両親、兄弟（5人）、姉妹（2人）
>
> 〈ポイペトへ移住した動機〉
>
> 　父親の医療費と生活費のため土地を売り現金にした後、路上生活世帯となり、親戚の家や寺を転々とした。仕事を求めてシェムリアップへ移住したが、思ったように仕事に就けず、そこで知り合った人に「ポイペトに行けば仕事がある」と言われポイペトへ来た。
>
> 　ポイペトでは、母親と兄弟姉妹たちは、ココナッツや果実などを採取し売っていた。父親は元兵士だったが、病気がちで、仕事に就くことは難しかった。父親は、体調の良い時だけ、荷引きの仕事をもらい、一日80バーツ程度稼いでいた。
>
> 〈人身売買の被害〉
>
> 　母親が知り合いに借金をして、職業斡旋人に仲介料を支払いタイでの仕事を紹介してもらった。斡旋人はどんな仕事をするか一切教えてくれなかった。スレイモンは斡旋人から、「タイに行けばわかる。詳しいことは今はわからない。現金は確実に稼げる」とだけ言われた。斡旋人に連れられて、タイのパタヤに着くと、その斡旋人はパタヤの雇用主にお金をもらっていた（後にその場所がパタヤとわかる）。そこで初めて、スレイモンは「自分が売られた」ことに気づいた。自分がいくらで売買／取引されたのかは知らない。雇用主から、昼間は物乞いをし、夕方の4時から明け方まで売春宿にいるように言われ、物乞いをしているときは見張りがついていた。
>
> （NGOに保護中：調査時）

①選択肢のない移動

　スレイモン世帯は、土地の売却をきっかけに貧困が加速していった。村内を転々とする生活を余儀なくされ、経済的貧困者に対する差別や偏見が強い

農村社会では、ピラミッドの底辺へと追いやられていった。階層性をもった人間関係が固定化されている農村では、社会階層秩序から弾き出されることは、村の中に居場所を失うことにほかならない。村内で周辺化されたスレイモン世帯は、「仕事を求めシェムリアップへ家族で移住することを決めた」というが、それ以外の選択肢はなかった。他の選択肢がない状況での移住は、果たして自発的な移住といえるのだろうか。

人の移動には、非自発的移動と自発的移動がある。難民や避難民といった国の情勢など政治的要因によって移動を強いられる場合は、非自発的移動である。他方、国家の情勢とは異なり個人的要因によって移動を選択する場合、これを自発的移動と呼ぶ。

自発的にみえる移動でも、本事例のように「他の選択肢がなかった＝移動せざるをえなかった」という個人的要因と社会的要因の双方が絡み合い、必然的に移動へと押し出されることもある。カンボジアの移住労働者たちには、このような社会的背景によって選択肢がないまま移住を余儀なくされる人びとが少なからず含まれている。

移住者たちの実情をとらえるには、国境付近に集まる世帯の背景、どのような経緯で国境にたどり着いているかという点を見落としてはならない。通常、国境付近にたどり着いた世帯に対して、NGOや支援機関は、農村への帰村を目的として支援を行ないがちだが、農村への帰村を前提とした支援には限界がある。

なぜなら、国境地域の居住者には共通して「仕事を見つけるために」という目的が存在するものの、国境地域への移動を余儀なくされた人びとには、単なる帰村が問題の解決ではないからである。

②見えない加害者——人身売買斡旋人

ポイペトに来て母親は「顔見知り」の仕事斡旋人に紹介料を支払い、仕事を紹介してもらった。この「顔見知り」は、スレイモン世帯が居住するB村に何度か出入りをしていた。ポイペトは、仕事を求めて移住してきた人びと

のいわば「寄せ場」(日雇い労働者が仕事をもらうために集まる場所)であり、自らが精を出して農業で生計をたてる環境ではなく、現金収入による日雇い生活が主流となっている。そのため仕事斡旋人という存在は、移住者にとって欠かすことができない。

しかし、善良な仕事斡旋人ばかりでなく、人身売買の仲介者となる斡旋人も存在する。本事例では、「知り合いの斡旋人と共にパタヤの売春宿へ行った」ということから、最初に職の斡旋をした「斡旋人」が人身売買仲介人であったことがわかる。人身売買の被害者らは、いつ、どこで、誰によって売買、あるいは取引が成立し売られていたのか容易に判断できない。

ポイペトで斡旋人に売春宿へ売られた他の被害者は「あの仕事斡旋人に騙されるとは思わなかった。しかし、どの斡旋人なら騙されなかったのかもわからない」という。この証言からも、ポイペトでは誰が人身売買の仲介人か、そうではないのか、判断するのが難しいことがわかる。つまり、特定することのできない、姿の見えない加害者が国境地域にはあまた存在する。この姿の見えない加害者が、被害者を市場へと結び付ける役割をはたしている。

(3) 女性単身の出稼ぎ労働と人身売買

チャリアー　24歳（女性）
〈ポイペトへ出稼ぎする以前の状況〉
　両親、妹とも病弱であったために働いているのは、チャリアーのみであった。生活に余裕がなかったために、学校に通ったことは姉妹ともに一度もない。経済的に厳しい状態におかれていたため「ポイペトで働いて、現金を稼いで来るように」と父親にいわれ、出稼ぎを決心した。
〈ポイペトでの状況〉
　タイ側で日雇いの農作業を行ない、1ヘクタール (ha) あたり1万3000リエル (約30米ドル) の出来高を5人で分けて収入を得ていた。「ポイペトに行けば稼げると思ったが、思ったほど稼ぐことができなかった。ポイペ

トでは現金がないと生活できない。お金がかかる」という。移住労働先で知り合った男性に暴行され妊娠した。チャリアーは、自分の村に戻り妊娠したことを両親に伝えると「結婚もしていないのに家の恥だ」と、家を出て行くよう言われた。特に母親はチャリアーに冷たくあたり、家族からもしだいに見離されるようになり、妊娠中ではあったが自分の村にはいられなくなった。チャリアーにはあてがなく、せめて他の地域よりも仕事があるポイペトに戻るしか選択肢はなかった。再度ポイペトで仕事斡旋人に職探しを頼み、カンボジア国内の「レストランで仕事がある」と言われ、仕事斡旋人と共に他の州へ移動した。妊娠中の彼女が送られた先は、レストランではなく、売春宿であった。(中略。売春宿で警察に保護され、NGOのシェルターに送られる。調査時：保護中。)

〈帰村に関して〉

　チャリアーは「自分の家族がいる村に戻りたいが、戻ることはできない」という。なぜなら、出稼ぎをしたのに現金を稼ぐことができなかったので、近隣住民たちに馬鹿にされるのが恐ろしい。また「結婚前にもかかわらず妊娠してしまったことや、売春宿にいたことが知られたら噂が立ち、家族の恥といわれ、偏見をもたれる」と絶望を口にする。

①暴力の蔓延と不安定な生活環境

　チャリアーがポイペトに出稼ぎに来た当初の目的は、家族を養うための一時的な出稼ぎであった。しかし、当時ポイペトは、薬の売買（密輸）や、ギャングの闘争、盗難、性的暴力などが横行し、安全な環境とは言い難かった。

　A村やB村の治安について、住民は「家のダンボールでできている壁をナイフで切られた」「家の外に出しておいたサンダルと洋服が盗まれた」「集落内では喧嘩も絶えず、一週間前にはギャングの闘争があった」「夫が妻を殴るなどの光景は頻繁に目にする」「怒鳴り声は常にどこからか聞こえる」などと口にする。

移住労働を目的に人びとが集結する地では、近隣住民の背景や個々人の情報が限られているため、お互い関わりあうことを望まない。特に治安が安定していない集落では、この状況に拍車がかかる。これは「人の出入りが激しくてお互いにどこの誰だかわからない。自分の出身村では村長をはじめ、何かあると住民同士で何か一緒に協力することがあったが、ここでは無理だ。人を信用することができない」といった居住者の証言からもわかる。

　居住地における相互扶助といったセーフティーネットが機能しにくいこの集落では、暴力は蔓延しやすい。それは、直接的な暴力（暴力の行為主体が可視化できる暴力）のみならず、構造的暴力（可視化することができない社会構造から発せられる暴力）も同時に強く表れ出る。チャリアーはこの構造のなかで「女性の単身出稼ぎ」「経済的な窮乏」「頼る人がいない」などの悪条件が重なりあう社会環境にいた。

②帰村するための条件

　カンボジア農村では、婚前交渉は女性規範を逸脱したとみなされる傾向が強い。たとえそれが、性的暴行であっても同等の扱いを受けることもある。そのことは、チャリアーが出身農村に戻り妊娠したことを両親に告げると「家の恥」とされ、家を出て行くように告げられたことからも見て取れる。チャリアーは家を追い出され、行くあてもなく再度ポイペトに戻り、斡旋人に仕事を依頼した。友人の紹介で接触した斡旋人に、当時妊娠4ヵ月の身体で売春宿に売られた。

　その後、売春宿で警察に保護されたが自分の村には戻らず、再びポイペトに戻ってきた。なぜなら帰村できない理由があった。チャリアーは「戻れるなら戻りたい」と前置きをしつつ、ポイペトに行ったのに「現金を稼げていないこと」「売春宿に売られたこと」で差別や偏見、噂を立てられることを恐れ戻れずにいた。

　「出稼ぎに行ったのに稼いでいない」といわれるのが恥ずかしいという回答は、チャリアーのみならず、他の移住者にもみられる。「期待されている

額を稼ぐことができないから出身の村には戻れない」「思っていたように稼げない」と回答する出稼ぎ労働者たちは、日々の生活を送るだけで精一杯なのが実情である。短期のつもりで出稼ぎに来た者のなかには、「帰村の条件」を満たすために長期の滞在におよぶ者もいる。

　また農村出身者が人身売買の被害にあって保護されたとしても、それで最終的に安全が確保されたとは言えない。なぜなら、カンボジア社会において性規範を逸脱した女性であると刻印をおされると、女性は性規範の抑圧も重なって帰村をためらいがちになる。彼女たちの残された選択肢は、職があり人の流動性が活発な場に埋もれること、それはつまり貧困の再生産を誘発し人身売買が横行している場所に舞い戻っていくことである。したがって、帰村することを望まない被害者たちの社会背景も含め、一人ひとりの立場や社会環境を理解して、再発防止に向け多角的な取り組みの構築が求められる。

まとめ——ポイペトで起こる人身売買とその被害者とは

　市場経済化の進展のなかで農村も分解過程にあり、土地を失ったり、何らかの不慮の事故（病気等）で債務に追い込まれたりして貧困化する世帯も少なくない。かれらはポイペトに繁栄と自らの生活向上のイメージを抱き、仕事を求めて集まった。しかし、農村であろうと国境地域であろうと、脆弱者（周辺者）が場所を変えたとしても、状況を好転させることはたやすいことではない。

　国境地域では、人と人との関わり合いが欠如し、地域社会、コミュニティが形成されていないために、かれら自身がコミュニティの支えを失って、市場経済のなかで現金収入を得る手段を見出さなければならない。まさにこの現象は、農村とは異なり、「商品関係」が直接人間を支配する社会環境といえる。そのような環境に人びとは身をおき、気づかぬ間に自らが商品へと転化し、「商品の一部」となっているのである。その「商品」の「売買」はカンボジア、タイにとどまらず、大メコン圏、さらにはその先のグローバル市場に続いている。

第3章

カンボジアの近代史と農村の現状

農作業から村に戻る村びと（筆者撮影）

カンボジア社会では、都市と農村の格差や貧困層への抑圧など、社会構造の偏りや不公平が根強く残っている。こうした社会文化構造を理解するためには、フランスの植民地から解放されて以後のカンボジアの現代史を概観する必要がある。カンボジアの社会構造の背景には、植民地からの解放後も、常に外国からの介入を受け続けて内政がその度に混乱したという歴史がある。そして独立国家としての順調な国家建設と国民経済の発展をたどることなく、1990年代後半にいたって急激に世界資本主義経済に組み込まれたために、社会の歪みが拡大し、それが現在に大きく影響している。カンボジアの現代史は大変複雑なので、その全体を詳しく理解するのは難しいが、本章ではその概略を理解していただきたい。

1. 独立から国内権力闘争——国際社会に翻弄される国家

　カンボジアは1953年フランスから独立し、王位を父親に譲り自ら政党を結成したシハヌークが国家元首となり、人民社会主義共同体（サンクム・リア・ニヨム）を結成し、政権をにぎった。シハヌーク政権は、王政と仏教を中心にした社会主義と、民主主義を取り入れ、左派と右派の中立を行う政策を掲げた。東西冷戦期の国際情勢のなかで両陣営から支援を受け、国家基盤となる農業開発や工業開発に力を入れた。1960年代のカンボジアは、プノンペンが「東洋のパリ」とも呼ばれ、安定した時代であった。しかし、このような外交政策は東西冷戦期において綱渡り外交とも呼ばれ、徐々に立ち行かなくなっていき、「誰が権力の座に就くのか」といった国内の権力闘争が始まった。その権力闘争は、親米、親中、共産主義の派閥に分かれ、国際社会の政治的影響を受けるようになる。

　ベトナム戦争を背景にアメリカは、ホーチミンルート（北ベトナムから南ベトナム解放民族戦線への物資の供給や支援を行うルート）を断ちたかった。そのため、当時カンボジアで勢力を拡大していた親米派のロン・ノルを支持した。アメリカを後ろ盾にしたロン・ノル派は、1970年親中派で反米姿勢を強めていた国家元首シハヌークへのクーデターを起こし政権を奪った。政権

を握った親米派のロン・ノル政権（クメール共和国）は、アメリカ軍のカンボジア領土侵攻を認めたため、ベトナム国境に近い農村部では、アメリカ軍による空爆や地雷の被害が出た。

　クーデターにより政権を追われたシハヌークは、共産主義を掲げるクメール・ルージュのトップであったポル・ポトと手を組み「カンボジア（カンプチア）民族統一戦線」を結成し、ロン・ノル政権に抵抗した。当時のカンボジア国内は、アメリカのベトナム戦争の影響による爆撃、さらには反ロン・ノル勢力との戦闘が同時に繰り広げられていた。このような現状は、カンボジア農村のインフラを破壊し、農村の人びとの生活を疲弊させた。

　ポル・ポトとシハヌークによって結成された「カンボジア民族統一戦線」は、1975年4月17日、親米派ロン・ノル政権との5年間にわたる内戦に勝利をおさめた。その結果、ポル・ポト率いるクメール・ルージュ軍がプノンペンを制圧し、ポル・ポトを国家元首とする「民主カンプチア政権（ポル・ポト政権）」（1975年から1979年）を樹立した。

　ポル・ポト政権は、共産主義を掲げ集団による農業を中心とした社会の実現を目指した。資本主義、伝統的家族制度、仏教信仰、国王崇拝、西欧思想のすべてを否定し、全国民を強制的に農村部に移住させてサハコーと呼ばれる人民公社に住わせ、私的財産のすべてを国有化するという、極端な共産主義社会を強いた。さらに子どもから大人まで強制労働をさせ、農作業に従事させた。都市部の建築物、通貨、教育、市場、戸籍といった社会制度も破壊し、結婚も国家による強制結婚以外を認めず、従来の家族やコミュニティ関係までも崩壊させた。

　また、これに反対する前政権支持者、富裕層、知識人、学生、宗教人などを弾圧し、拷問を伴う暴力によって虐殺したほか、飢え・栄養失調・病気などによって数多くの市民が命を失い、ポル・ポト政権3年8ヵ月の間に100万人以上（170万人から300万人）の人びとが犠牲になったと言われている。カンボジア国民の精神的な拠り所とされていた寺院や学校も強制収容所や虐殺現場となった。

ポル・ポト政権は、親中路線をとって反ベトナム色を強く打ち出したため、親ソ路線に傾斜していたベトナムとの関係は悪化し、国境紛争が激しく繰り広げられた。1978年12月にベトナムはカンボジアに侵攻を開始した。ベトナム軍の支援を受けたヘン・サムリン派が1979年1月7日にプノンペンを制圧し、ポル・ポト率いるクメール・ルージュは、タイ国境に逃れ、事実上、政権を失った。ベトナムは、占領下のカンボジアに親ベトナム派のヘン・サムリンを党首とする「カンプチア人民共和国」を樹立させた。しかしヘン・サムリン新体制は、ベトナム軍をカンボジアに駐留させつづけたため、旧ソ連、東欧、インドなど一部の国を除いた国際社会は、カンプチア人民共和国をベトナムの傀儡政権（ベトナムの指揮のもと管理や統制が行われる政権）と見なし、国家承認をしなかった。

　ヘン・サムリン新政権に対抗する派閥（ポル・ポト派、シハヌーク派、ソン・サン派）の反政府三派が手を組み、1982年に統治機能をもたない「民主カンプチア連合政府（通称：三派連合政権）」*1を発足させた。この三派連合政権に対して、西側諸国を中心とした国際社会は国連の議席を与えた。このことが、ヘン・サムリン政権と、ポル・ポト派を含む三派連合政権の内戦を激化させることとなった。この三派連合は1982年に国連加盟を果たし、1982年6月に新政権として樹立し、同年12月に国連に正式調印を行なっている。国民に対する殺戮を繰り返したポル・ポト派（クメール・ルージュ）を含む政権に国連議席を与えたことは、事実上、ポル・ポト政権が行なった破壊行為に対して、国際社会が目をつぶることになり、国際社会における大きな汚点といえる。この三派は「反ベトナム」ということのみ共通しているが、それ以外は三者三様に政治的、軍事的方針を決めるなど、「政権」とは到底いうことのできないものであった。

　したがって当時カンボジア国内には、旧ソ連（現ロシア）などの社会主義国が承認し統治機能をもったヘン・サムリンを党首とするカンプチア人民共和国と、国際社会が承認するが統治機能をもたない三派連合の民主カンプチア連合政府という二つの政権が、同時に存在するという複雑な状況となった。

第3章　カンボジアの近代史と農村の現状

　こうしてポル・ポト政権崩壊後も、カンボジア国内では外国勢力を後ろ盾として政権を争う紛争が10年以上もつづき、根深い内戦構造に発展した。
　冷戦の終結を背景に国際社会は、カンボジアの和平を探ることと、カンボジア紛争の実態を明確にすることを目的とし、ヘン・サムリン政権と三派連合（ポル・ポト派、シハヌーク派、ソン・サン派）、ベトナム、東南アジア諸国連合（Association of South-East Asian Nations: ASEAN）関係者が初めて集まり非公式協議、第一回ジャカルタ会議を開催した。しかし突如、1989年4月にヘン・サムリン政権は、国名を「カンプチア人民共和国」から「カンボジア国」に変更し、自らの政権の樹立を再度宣言した。この動きに対して、カンボジア国内では、三派がヘン・サムリン政権への総攻撃を開始し、再び内戦が激化した。
　政治的解決の糸口が見つからないカンボジアに対し、国際社会は国連主導のもと国連カンボジア暫定機構（United Nations Transitional Authority in Cambodia：UNTAC）の設置を決めた。国内ではUNTACの設置が決まったが、1989年から1991年の間も内戦はおさまりをみせず、ポル・ポト派のゲリラ活動は激しさを増していった。このようななか、1989年からUNTAC駐留開始まで、国際社会は、次々と紛争解決に向けての国内外における会議を開催し、和平への道を探っていた[*2]。
　東西冷戦構造に終止符が打たれたこともあり、1991年に「カンボジア紛争の包括的政治解決に関する協定（パリ和平協定）」[*3]が結ばれ、1992年3月から1993年9月までの1年半にわたりUNTAC部隊がカンボジアに駐在することになった。UNTACの任務は、1）公正な選挙組織の形成と選挙の実施、2）選挙後の新政府樹立までの間の外交、防衛、財政、公安、情報の行政責任を国連がもつ、3）外国軍隊の撤退と停戦の監視、検証の実施、4）人権の監視、5）難民、避難民の帰国と再定住の促進、6）国の再建と復興であった。
　そして1993年5月に第一回総選挙が行なわれ、ノロドム・ラナリットとフン・センの二人首相体制という連立内閣が成立し、9月には新憲法が公布され、王位には再びシハヌークが就いた。1998年の第二回総選挙では、フン・

67

セン首相率いる人民党が再び勝利し、2018年現在まで、フン・セン首相率いる政治体制が続いている。

2. 経済成長と現実——誰のための発展か
(1) 市場経済とカンボジア

　1年半にわたりUNTACの部隊が駐在し、その間にはUNTACマネーと呼ばれる膨大な外貨がカンボジア市場に流入した。当時の国連発表によると20億ドルの投資、総数2万6000人にもおよぶ外国人の駐在が展開された[*4]。内戦後のカンボジアの市場経済は、各国政府、国際機関などの多額の援助資金および外国人駐在者による外貨によって開始されたといっても過言ではない。

　UNTAC撤退後も海外からの援助資金に依存するなか、1993年9月に施行された新憲法に市場経済化を推進していく内容が記述され、カンボジアの本格的な市場経済の導入は、UNTAC後の1994年から開始される。1999年にはASEAN、2004年には世界貿易機関（World Trade Organization: WTO）に加盟するなど国際化への道を歩んできている。

　1993年から2003年までの国内総生産（GDP）の成長率は、平均6.3％にまで上昇した。カンボジアにおける1993年から2003年までの実質GDP産業別構成比をみると、農業が最も大きな割合を占め、30％から40％台を維持している。

　しかし2000年代に入り、目を見張る成長率にあるのは、製造業であり1993年の製造業の割合はGDP比において8.9％であるのに対して、2003年では19.6％と、農業に次ぐ産業にまで発展した。製造業分野の中でも縫製産業が主要を占め、その割合は1993年当初の12％から2005年では70.8％の飛躍的な成長率になっている[*5]。そして今現在も縫製産業は、カンボジアの産業を牽引する一大産業であり続けている。

　このように縫製業が、同国の一大産業として飛躍的に成長した背景には、外国投資法の施行によって、外国からの投資がより可能になったことがあげ

られる。特に1996年以降の増加現象には、アメリカのカンボジアに対する最恵国待遇（Most Favored Nations Status: MFN）を得て、そして1997年には、特恵関税（Generalized System of Preferences: GSP）を認められた影響が大きい。

　最恵国待遇を得たことで、アメリカへの輸出を目的とした台湾、香港、シンガポールといったASEAN諸国の縫製産業がカンボジアに進出し、首都であるプノンペン、さらにはその近郊に集中して大型工場を建設し始めた。そして、現在では、カンボジア縫製業協会（Garment Manufacturers Association in Cambodia: GMAC）に加盟する縫製・製靴工場数は589社におよび、総勢63万人以上を雇用する一大産業にまで拡大している[*6]。

　このように外国資本は、世界市場と連携しながら、より安価な土地と人件費等を求めてカンボジアに参入している。カンボジア国内における世界市場の比重の増加は、資本主義的システムの浸透を示している。安価な労働力を目的とした多国籍企業が押し寄せる現象はグローバル化の特徴ともいえる。

　さらに2004年以降のカンボジアにおける経済成長も停滞することなく伸び続け、2004年から2007年までのGDP成長率は平均11%を超えた。2008年から2009年はアメリカの金融不況の影響を受け、一時は経済成長が停滞したが、2010年には6%近くまで回復し、その後7%前後のGDP成長率を維持している。2009年のGDP成長率の0.1%という数字は、縫製業のアメリカへの輸出が全体の66%を占めていたため、アメリカで発生したリーマンショックの影響を受けたことを表している。これはカンボジア経済が外資主導の縫製業に依存していることを意味し、このような外資依存の国家成長の脆弱性が浮き彫りとなった。

　その後の毎年7%前後の経済成長の背景には、引き続き縫製業や製造業の輸出の増加、観光業の発展、首都プノンペンを中心とした建設業の拡大、国家政策による外国投資、企業誘致などがあげられる。近年では、国家産業を牽引して来た縫製業は、アメリカ一極集中型市場から、EUへも市場が拡大され輸出が増加している。

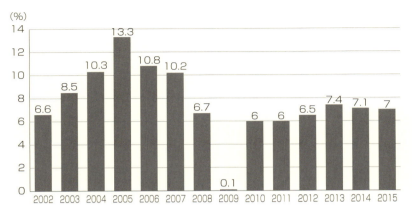

(Ministry of Economy and Finance, National Institute of Statistics, Ministry of Commerceから筆者作成)
図3-1　国内総生産（GDP)の年間成長率の推移

　2005年以降からカンボジアは、さらなる高成長を実現させるため開発政策における大きな転換期を迎えた。それは、都市開発政策において、経済特別区（Special Economic Zone: SEZ）を設け、国家政策のもとで外資の誘致を展開している。SEZとは、2005年に定められた特別な制度で、カンボジアの経済発展を目的として、法的、行政的な優遇を外資系企業に提供し、特定地区に外資の工場を招くものである。SEZの主な地域には、ココン、プノンペン、シアヌークビル、スバイリエン、ポイペトといった8地域が選定され、SEZの域内には、計228社の外資企業が登録されている（2015年3月時点）。

　また中国からの生産拠点誘致（通称：チャイナ・プラスワン）や、メコン地域間における分業をはかるタイ・プラスワン、ベトナム・プラスワンなどの海外からの直接投資の誘致にも努めており、2014年には24ヵ所であった経済特別区が、2015年3月には34ヵ所にも拡大している。つまり、1年間において10ヵ所がさらに特別区として追加されたことになる。

　しかし、SEZや縫製工場が都市部のみならず都市部郊外や地方にも拡散しつつあるものの、いまだこれらの経済成長は、都市部に偏っている現状にある。国民の主要産業である農業だけでは十分な現金を得られず、生活が困難

などの理由から、農村からの出稼ぎは日常のものとなっている。カンボジアは国民一人当たりのGDPも年々上昇し、いずれのセクターも成長を遂げているにもかかわらず、高い経済成長率が直接的に国民の貧困を緩和しているとは言いがたい。

　経済成長は特定分野に限られ、国民の生活の向上に不可欠なセクターの成長率が伸び悩んでいる。つまり、偏ったセクター分配が見られるのである。GDPの増加による利益やその恩恵は、既得権益集団といった限られた一部の層や都市部に偏っているため、農村住民らの抜本的な貧困削減にはつながっていない。また、農村部のみならず、都市部における格差も拡大していることにも注視しなくてはいけない。

(2) 都市と農村の格差

　カンボジアの貧困指標は、主に所得貧困の概念を基礎として算出されている。本書の人身売買被害者たちが売買された時期のカンボジアの一人当たりのGDPは、487米ドル（2005）から656米ドル（2007）の時期であった。カンボジアの貧困指標は、国家統計局（National Institute of Statistics: NIS）が実施したカンボジア社会経済調査（Cambodia Socio-Economic Survey: CSES）がもととなり、「所得貧困」が基礎概念となり、貧困ラインを定義している。

　カンボジア全体における高い貧困率を改善するために、1994年からカンボジアは、国家復興計画（National Programme to Rehabilitate and Develop Cambodia: NPRD）を始めとし、次々と貧困削減を目的とした国家戦略を打ち出した。それは、1996年から2000年の第一次社会経済開発5ヵ年計画（The First Five-Year Socio-Economic Development Plan: SEDP I）、2001年から2005年の第二次社会経済開発5ヵ年計画（The Second Five Year Socio-Economic Development Plan: SEDP II）、2003年から2005年までの貧困削減戦略（National Poverty Reduction Strategy）、2006年から2010年までの国家戦略開発計画（National Strategic Development Plan）などがあげられる。

　カンボジア全体の貧困率[*7]の推移をみると、2004年は34.7％、2007年に

は30.1％、さらに2010年には25.0％と低下しており、一見、貧困は緩和されているようにみえる。しかし地方の農村地域、その他の都市、プノンペンと地域別に3区分に分けられた貧困率をみると、2004年では、農村地域39.2％、その他の都市24.7％、プノンペン4.6％であり、2007年では、農村地域34.7％、その他の都市21.9％、プノンペン0.8％と、プノンペンの貧困率は大幅に低下しているが、その他の地域は、未だ貧困率が高く、貧困が解決されたとは言い難い。この数値からも、プノンペンとその他の地域の地域間格差が浮き彫りになる。

　いずれの時代も農村貧困削減が国家の最優先課題とされ、カンボジアの貧困は、農村に集中し社会問題となってあらわれる。農村の貧困率の高さは、農業の低所得と相関していることが指摘できる。世界銀行の統計によると2006年当時、カンボジア農村における農業人口は71％にも及び、そのうち91％が貧困層に属する。つまり、貧困ライン以下の水準で生活を営んでいる者は、農村部で農業を営んでいることを意味する。そのため、農村での低生産性状況が打開されない限り、農村における貧困は継続し、人口増加と共に貧困者も増加するといえる。

　現在では、農村に農業用トラクターの広告が掲げられ、一部では農業手法に徐々に変化が出てきているものの60年代からの農法から変わらず、役牛を使用し、天水と河川の自然な流れに沿って作物を栽培し、人手に頼っている。カンボジア農村における農業技術の普及と発展は、内戦などの影響によって、他国に比べてかなり遅れている。

　土地の所有状況については、農村における農地として使用できる土地の限界が指摘できる。地雷被害は年々減少傾向にあり、人びとのなかでは過去のものと認識されているが、カンボジア地雷対策センター（Cambodian Mine Action Center: CMAC）によるといまだカンボジア全土には数百万個の地雷が埋められ、これらすべてを撤去するにはかなりの年月が要するという。特に貧困層の農村住民が居住する農村奥地や北部地域では内戦などの間に埋められた地雷や不発弾がいまだ数多く存在するため、使用できる農地が限られ

ている。

　内戦以降、土地は政府によって均等に分配されたと認識されている。しかし、2004年時においてすでにカンボジア計画省国家統計局（National Institute of Statistics: NIS）の統計の結果から、土地なし農民の増加傾向が指摘されている。1997年の調査結果では、農村における土地なし世帯が12.6%だったにもかかわらず、2004年時では19.6％の土地なし世帯率となっている[*8]。農村内の底辺におかれた世帯などは、経済的状況や権力関係により限られた土地しかもつことができず、農業からは十分な収入を得られず現金の必要性に迫られるなどから、土地を手放している。

　2004年から2014年における農村と都市の居住世帯比率をみると、プノンペンや都市部における世帯居住者が増加している。この数値の変動の原因は、農村を離れ都市において就労をしている人びとの移動である。しかし、依然として農村における居住率は高い。

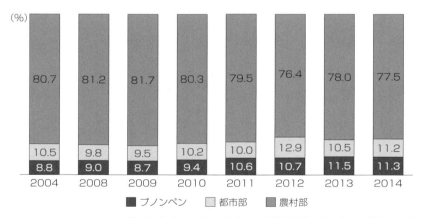

(*Cambodia Socio-Economic Survey 2014*, National Institute of Statistics)

図3-2　地域別世帯人口比

　さらに国家統計局（NIS）の2014年のデータ[*9]によると、生活における電気や水の供給、下水のインフラの状況では、都市部と農村部との差は歴然としている。まず電気の供給状況をみると、プノンペン99.3％、それ以外の都

市部では91.7％に公共供給がなされている一方で、農村部には47.3％と約半数の世帯には、電気は供給されていない。農村で電気供給を受けられていない世帯は、バッテリー（38.8％）や、石油ランプ（9.1％）、太陽光（2.1％）、ろうそく（0.5％）などで灯りをともしている現状にある。

　安全な飲み水へのアクセスの状況にも差異が浮き彫りになる。都市のプノンペンでは、90％以上の世帯（雨期90.4％、乾期90.5％）に水道管による安全な水の供給がなされている。一方の農村部においては、水道管による安全な水にアクセスできるのは、わずか9％の世帯（雨期8.6％、乾期9.0％）となっている。農村で水道管以外の方法で、安全な水にアクセスできている世帯では、削孔した管からの供給や、水質管理されている井戸などが使用され、それは全体の4割から5割程度（雨期42.8％、乾期51.1％）である。

　農村においては、安全な水にアクセスできない世帯が、半数近く（雨期57.2％、乾期48.8％）にのぼる。住民らは、溜めた雨水を使用したり（雨期33％、乾期3.3％）、沼・川・池などの水源（雨期11.5％、乾期22.8％）を利用したり、水質管理されていない井戸を利用（雨期8.5％、乾期11.1％）したりしている。

　トイレの下水管理ならびに所有事情にもはっきり差がある。プノンペンやその他の都市部では、8割から9割の世帯（プノンペン98.1％、その他の都市部80.2％）が下水管理や汚物処理管理がなされたトイレを所有している。しかし、農村では、53.5％の世帯はこれらの状況が完備されていない。

　このように、今現在においても都市と農村の状況には差が生じ、GDPの経済成長を支えているのは、都市への一極集中型の経済発展によるものである。都市集中の経済発展において、国内の格差は解消されず、そのことによって、一層の都市と農村格差、さらには、地域・農村・集落相互の格差といった格差が重複した構造が形成される。こうした構造を断ち切るには、社会全体の再編成が必須となる。

3. カンボジア農村と人の流れ

　現在のカンボジア農村の人びとは、労働の機会を得るために移動をしてい

る。本書の聞き取り対象者たちの状況を把握するために当時の消費水準をみると、一人当たりの消費支出では、富裕層においては10年の間に45％も増加している[*10]。その一方で、貧困層においては、10年間に8％しか消費支出が増加していない[*11]。国内における所得分配の不平等を表すジニ係数指標は、0.4とアジアの中でも高い位置に属する[*12]。

　さらに都市部と農村部における貧富の拡大だけでなく、農村部内における貧困格差の問題が出てくる。それは、NISが行なったカンボジア社会経済調査（Cambodia Socio-Economic Survey：CSES）のジニ係数（不平等指数）の変化をみると明確にわかる。プノンペンでは一人当たりのジニ係数は、0.39から0.37と低下しているが、農村内におけるジニ係数は0.27から0.37と上がり、農村内における不平等が広がっていることがわかる[*13]。このような農村内における格差は、貧困層における格差を生み出す。

　農村内における貧困格差は、出稼ぎや、移住労働をはじめとする人口移動の流れを生み出し、それらの流れは、首都のプノンペン、隣国タイ、さらに国外への労働と加速していく。その証拠として、1990年から2003年までの都市人口の年間平均増加率は、通常2％から3％だったが、カンボジアにおいては5.9％と急激な増加率を示している[*14]。1990年代初めは、内戦を避けて地方に暮らしていた人びとが、都市に流入したことに始まるが、90年代後半から2000年代は農村から都市部への出稼ぎを目的とする移動となっている。

　たしかに農村から都市部、さらに隣国タイをはじめとする国外への出稼ぎによって、現金を稼ぎ、安定した生活を取り戻す世帯もある。しかし、その一方で、移動する資金のためにわずかな土地を売って土地を失う世帯や大きな借金をしてしまう世帯がある。さらには、人身売買に巻き込まれたり、病気になって戻ってくる人など、家族の出稼ぎが農村の家族に負の影響をもたらす場合も少なくない。家族の状況を好転させる出稼ぎもある一方で、現金を求めた移動が予期せぬ事態を発生させ、負の連鎖を招くことがあるのも事実なのである。

4. カンボジア社会の文化構造

(1) 性規範

　カンボジアには男性規範の「チバップ・プロ (Chbab Pros)」と、女性規範の「チバップ・スレイ (Chbab Srey)」が存在し、人びとの意識や行動に強く影響を与えている。男性規範では、男性は力強く、野心的であり、家庭内において家長としての役目をもち、尊敬と敬意をもって遇されるべき存在であると教えられる。男性が男性規範から逸脱したとしても、社会から厳しく非難されたり、差別されたりすることは多くはない。一方で、女性規範に対してはきわめて厳格で、規範から逸脱した女性には、社会から厳しい目が向けられ、特に農村部においては「女性としての価値」が問われる。都市部の女性の間には意識の変化がみられるが、農村では依然としてこうした規範意識は根付いたままである。本章では、人身売買被害者らに強い影響をもたらす女性規範のチバップ・スレイをみていく。

　初等教育の現場でもチバップ・スレイは教えられ、家庭内でも良き娘像、母親像、女性像が、母親から子どもへと伝承される。この女性規範による行動様式は、婚前交渉は許されず、家族の世話、家事全般をこなし、両親に逆らわず、婚姻後は配偶者に従うなどを指している。しかしこの女性規範が厳格なあまり、その弊害として、女性への暴力が見えにくくなってしまう問題や、暴力の被害者である女性たちが自らを責めたり恥じたりするということが生じている。例えば女性たちは、配偶者間において何らかの問題が起こり、心身共に深刻な被害にあっていても、他人には口外せず、自分のなかで耐えていることが少なくない。なぜなら、自分に発生している状況を口にすることは、良き女性としての規範から逸脱してしまうと女性たちは考える傾向にあり、逸脱した自身を責めてしまう。

　カンボジアには、「男性は金、女性は布」という女性の純潔を貴ぶ諺がある。それは「金は輝き、価値があり、その輝きが失われることはない。しかし、布は、切り裂かれたり、少しでも汚れてしまったら（処女性や純潔を失ったら）元の布に戻ることはできず、使い物にはならない」という意味で

ある。

　女性の処女性が重要視され、どんな事情であれ結婚前に処女性を失えば、当事者のみならず、家族までも道徳的に非難されてしまう。特に伝統的な人間関係が残る農村においては、婚前に処女性を失った女性を「善良な構成員（メンバー）」から排除することすら起きている。こうしたことが、特に婚前のレイプ被害者や人身売買被害者らに起こると、被害者自身が性規範から逸脱したとして自暴自棄になる傾向すらある。被害者として守られるべき存在が、女性の性規範によって、社会から排除されてしまうのである。

(2) 教育事情

　カンボジアにおける教育制度は、6・3・3制がとられ、憲法上は初等教育と中等教育の計9年間が義務教育とされている。しかし、現実には様々な問題が山積している。国連のミレニアム開発目標（MDGs）の後押しもあり、初等教育の就学率は上がってきた。また、2004年の調査結果と2014年の調査を比較すると、全体における男女の教育機会の格差は縮まってきている。しかし、都市と農村との地域格差や、貧困世帯の子どもの退学率などの問題は解消されてはいない。さらに中等教育へのアクセスの向上はみられるものの、初等教育と中等教育を比較しても状況は異なり、まだ不十分である（表3-1）。これらの数値をみると9年間の教育機会がすべての児童に行き渡ってはおらず、中退者、退学者を含め、進学率などに課題は残る。

表3-1　カンボジアにおける純出席率の状況

初等教育／純出席率（%）	1996—2005	2010—2014
男子	66	84
女子	65	86
中等教育／純出席率（%）	1996—2005	2010—2014
男子	17	46
女子	11	45

(UNICEF 2007, 2016)

社会経済調査（Cambodia Socio-Economic Survey：CSES）によると6歳から17歳までの子どもの「中退理由」には明確な男女の差が表れている*15。その調査結果によると、男児の学校を辞めた理由の上位には、「行きたくなかったから（21.9%）」があがる（女児は15.9%）。その一方、女児の中退理由の上位は、「家計を支えなくてはいけないから（33.9%）」（男児は24.5%）となり、「家事労働や雑務をしなくてはいけないから」という理由の項目でも、女児は8.1%、男児は4.8%という男女差が表れている。

　女児に対して保護者は、家事労働や出稼ぎなど家計を支える役割を期待することから、就学に対して消極的になる傾向がある。国際機関やNGOを中心にジェンダー教育が行なわれているが、性規範に基づく女性に対する役割意識が根幹にあるので、住民らが女児の高等教育の重要性を理解するには、長い目で取り組んでいくことが必要である。

　カンボジアの初等教育の水準は、ここ10年で飛躍的に改善された。しかし、貧困層においては初等教育を修了まで迎えることのできる子どもたちは限られている。つまり、家族の移住労働や児童労働、家事労働などを理由に退学を余儀なくされる子どもたちが数多く存在し、教育機会が性別を問わず万人に与えられているとは言いがたい。

　このままだと、経済的に余裕のある子どもや、都市部の子どもなどに教育機会が集中し、農村部の遠隔地、あるいは経済的貧困者世帯の子ども、特に女児には、教育の機会が与えられないという現実が続いてしまう。表向きは飛躍的に初等教育が改善されたように見えるが、実情は従来と変わらない社会構造のなかで、女児がこの不平等な教育機会の配分構造の底辺に位置することになる。

　このような性規範に付随してあらわれる問題は、古い制度や組織・集団によって維持されている面もあるが、何より人びとの意識の中に古い性規範が維持されていることによっている。つまり、人びとの意識が変化しない限り、カンボジアにおける性規範に関連する問題は再生産されていく。しかし、性規範が人びとの意識によって人為的に構築されたものであるならば、人びと

の意識を変えることによって作り変えていくこともできるはずである。

(3) 集落内の相互扶助と排除

カンボジアの農村社会は、かつて継続的かつ自発的に形成される組織やネットワークは存在しないとされてきた。その理由として、第一に集落の住民が共同で所有する建物や土地といった共有財産がなかったため連帯意識や共同管理意識が育たなかったこと、第二にポル・ポト政権によって家族や親族を中心とした伝統的な共同体が解体されたこと、第三に長期の内戦の影響によって集落内の人間関係が分断されたため相互不信が強いことなどがあげられる。

しかし現在のカンボジア農村では、家族や親族、集落内の人びとによって共同の帰属意識が形成され、相互扶助のネットワークが存在している。それは日々の生活（各世帯の冠婚葬祭や仏教行事、集落の年中行事の準備、田植えや稲刈り、家の建築など）にみられる。これは、集落内での個別の人間関係を基礎とした連携であり、住民によって自発的に形成される相互扶助組織である。

これらの相互扶助組織を形成する上で、カンボジア人は自分と他人を多様な要因の判断基準によって差別化しながら近隣住民と共有の帰属意識を育んでいる。レジャーウッド（Ledgerwood 1994）によるとカンボジア人は、性別、世代、人脈、経済状況、教育状況、政治的地位など、多様な要因によって人間関係を形成し、そのなかで自らの社会的な位置を決めるという。

またカンボジア農村には慣習的な社会文化規範が存在し、人間関係を構築する上で重要な要素としてはたらくが、この社会文化規範に合わないと判断された住民は、相互扶助のネットワークから排除されてしまう。この排除の性質は、集落内における人身売買被害者や社会的に弱い立場におかれた人びとの事例（第1・2章）からもみえてくる。人身売買被害者や社会的に弱い立場におかれた人びとは、社会文化規範から逸脱したと判断され、相互扶助のネットワークの外部におかれることになる。こうした状況は、かれらの農村

内での孤立を一層強く招き、貧困状態をより悪化させてしまう。このように、カンボジアの農村の社会構造は「相互扶助」と「排除」の両面性をもっていることを認識しなければいけない。

まとめ —— 一連のシステムとしての社会文化構造

　カンボジアの近代史は、国内紛争の連続と、国際社会の政治的駆け引きに翻弄された歴史であった。農村は常に諸外国の政策の影響を受け戦地となり、同時に国内闘争の戦火にもさらされた。その後、農村を主眼とした貧困削減政策が国家の最重要課題として掲げられ、現在では経済発展を主軸に国家政策を展開しているが、都市部と農村部の間にはいまだ大きな格差が存在する。カンボジアの伝統的な農村では、相互扶助をはじめとした「地域社会の連帯」はたしかに存在する。その一方で、社会文化的規範が強固に存在し、社会構造は垂直型に形成されている。そして、そこから逸脱した個人は地域社会の連帯から排除されてしまう傾向がある。

第4章

人身売買被害者とはどういう人たちか
――全体像とその類型

集落の奥地に暮らす被害者世帯（筆者撮影）

本章では、筆者の調査結果にもとづき人身売買被害者たちがどのような人びとなのか詳しく分析を加えたうえで、その全体像を明らかにする。そして、彼女らがどのようにして人身売買の被害にあったのかを社会構造の影響から考察する。そこではまず、経済的貧困と人権抑圧といった相対的貧困との関連をとらえる。つぎに双方の貧困状況を加速させる重層的諸要因が存在し、様々な面での機会の剥奪が被害者に共通してあらわれ、暴力の連鎖を成していることを見てみたい。

　人身売買被害者を統計的に把握することは、非正規ルートで入国している者や監禁状態におかれている者も存在するためにきわめて困難な作業であり、そもそもカンボジア全土においてどれほどの人身売買被害者が存在するのかを把握することは難しい。被害者データについての調査には限界があるが、被害者が存在する限り人身売買の存在は動かしがたい事実であり、その究明もまた避けるわけにはいかない。

1. 人身売買被害者の年齢と出身州

　本書の被害者に関するデータは2004年～2008年のもので、年齢は調査時のものである。当時、カンボジア全土において人身売買に関する多額の予算が国連機関やNGOから投入され、国内全域において予防、法的支援、保護、救出、送還、訴追、調査、アドボカシー活動などが国際機関、政府、国内外のNGOによって大規模に展開されていた。

　筆者の聞き取り調査において人身売買ならびにその疑いがあり保護された者は、2歳から26歳の女児ならびに女性であった（表4-1）。被害率が最も高い年齢層は、15歳から17歳の21人であり、次いで11歳から14歳の年齢層（16人）であった。この11歳から17歳までの合計37名が被害者の約7割近くを占めていた。つまり被害は、「児童の権利に関する条約（The Convention on the Right of the Child：子どもの権利条約）」において「子ども」と定義される18歳未満に集中していることがわかる。また、人身売買被害者のなかで1人を除いて全員未婚であり、既婚の女性は、婚姻後、義母に売られた

第4章　人身売買被害者とはどういう人たちか

表4-1　年齢構成比

年齢	該当者数
2歳〜10歳	4
11歳〜14歳	16
15歳〜17歳	21
18歳〜20歳	2
21歳〜24歳	3
25歳以上	3
不明	1
合計	50

（調査結果から筆者作成）

表4-2　人身売買被害者の出身州全体構成比

地域	出身州	該当者数
南東部	プレイベン州	4
南東部	スバイリエン州	1
南西部	ココン州	2
南部	カンダール州	1
南部	カンポット州	3
南部	タケオ州	2
北西部	バンテアイ・ミアンチェイ州	14
北西部	バッタンバン州	5
北部	シェムリアップ州	3
首都	プノンペン	3
中西部	プルサット州	5
中央部	コンポントム州	1
中央部	コンポンチャム州	3
中央部	コンポンチュナン州	3
	合計	50

（調査結果から筆者作成）

ケースであった。

　従来、カンボジアにおける人身売買の被害者は、プノンペンへの移住労働者率の高い南東部のプレイベン州や、スバイリエン州の女性に被害が集中していると推定されていたが、実際の被害者の出身州を概観すると全州に分散

し、また国境に接する地域での発生率が高いことがわかる。タイとの国境に接するバンテアイ・ミアンチェイ州出身の14名のうち13名はタイ・カンボジアの国境ゲートが存在するポイペト地域の居住者であった。彼女たちは、越境を目的とした人身売買の被害者であった。

現在ポイペトは、国内の輸出入の経由地点、さらには外国企業の誘致先の経済特別区（SEZ）として、地理的にも経済的にも重要な意味をもつ地域となっている。ポイペトは、カンボジア国内の農村形態とは異なり、かつて難民・避難民キャンプがあった場所で、難民の再定住地として人為的に形成された集落が点在する。歴史的に振り返ると農村からの出稼ぎ者や、差別や偏見によって農村から押し出された人びと、国内においてより深刻な貧困状況におかれている人びとによって集落が形成されてきた歴史的背景がある（第2章参照）。

2. 被害者らの経済状況の実態

(1) 就労状況

カンボジア国民の8割は農村に住んでいると言われているように、国民の大半は農業に従事し、生計をたてている。しかし、被害者たちの就労状況をみると、被害者世帯は、就業と失業を繰り返し、日雇いの職を転々としていた。所有農地で農業を行っている世帯はごく限られ、その場合も農地が少ないため農業で食べていくことは困難であった。

「日雇い」で仕事に従事している世帯は、乾期・雨期で異なる職に就いていた。また、扶養世帯構成員数に対して労働に従事することができる者は1名のみという世帯、出稼ぎに出ている家族の送金だけが頼りである世帯、借金を繰り返す世帯などが目立った。女性が家長である世帯では、野生の果物や野菜などを採取し、それを売っている場合などが見受けられた。日雇いで現金を得ている世帯は、主に日雇い農業に従事しており、その他では、小売業、廃品回収業、露天商、荷引きなどに就いていた（表4-3参照）。

聞き取り対象者世帯の全体に共通することは、生活そのものが安定せず、

表4-3 職種分類

職種	該当数
廃棄物・廃材拾い・物乞い	4
職業斡旋業者	1
日雇い農業（集落内／越境含）	22
所有している土地での農業	7
自営業	2
漁業	1
小売業（野菜・果物等）・荷引き	9
無職	4
合計	50

（調査結果から筆者作成）

医療費が払えない、借金が返済できない、子どもに教育を受けさせることが困難など負の連鎖に巻き込まれていた。そして、これらの不安定な生活状況が長期化する結果、世帯内にストレスをうみ、子ども虐待や、ドメスティック・バイオレンス（DV／配偶者間暴力）、アルコール依存や薬物に手を出すなどの問題が発生している事例もあった。

(2) 収入と支出

　被害者の世帯収入をみると収入を把握できた39世帯中、1日あたりの世帯収入が4000リエル未満（1米ドル未満：調査時）は12世帯、4000リエル以上8000リエル未満（1米ドル以上2米ドル未満）の世帯も12世帯となっていた。この数値は、世界銀行が「貧困層」と定義する1日あたりの収入1.25ドル[*1]（調査時）以下に該当し、世帯の多くは極度の貧困状況に陥っていることがわかった。彼女たちの世帯は総じて低所得・低賃金の産業セクターに就いているが、そのなかでも最低賃金レベルの収入である。

　送金を受けていた世帯もあるが、送金は不定期であり、送金をあてにできない環境にあった。また全体の2割は収入がない状態で、これらの世帯は、NGOからの支援や、物乞い、高利貸しや近所の人に借金をする、土地を売って生活費にあてるなどしていた。

表4-4　調査対象者の1日あたりの世帯収入：「不明」を除いた比率

地域別収入／該当世帯数	収入別該当数
4000未満	12
4000以上8000未満	12
8000以上1万6000未満	2
1万6000以上	4
不定期	1
なし	8
出身地域合計	39

（調査結果から筆者作成。単位：リエル，4000リエル＝1米ドル）

　さらにカンボジア政府の国家貧困削減戦略（National Poverty Reduction Strategy: NPRS）が定義した農村部の1日1人当たりの絶対的貧困ライン（必要最低食糧支出と必要最低非食糧支出）は、2004年では1753リエルで、2007年では2367リエルであった[*2]。本調査の被害者らが人身売買される以前に単身で暮らしていた者はおらず、皆、家族や親族と居住しており、家族構成は4名以上が多い。これらの家族構成員数を考えても、かなりの世帯がカンボジアの絶対的貧困ライン以下に位置づけられていることがわかる。

　支出では、支出額が判明する31世帯のうち14世帯が1日あたりの支出額が4000リエル未満であった。さらに、4000リエル以上8000リエル未満の支出世帯の9世帯を合計すると、31世帯のうち23世帯が1日あたり世帯支出の合計が4000リエルから8000リエル（1米ドル以上2米ドル未満）の生活を送っていた。

　1日の支出内容は、全世帯において生活費、主に食費が高い割合となっていた。食費以外の支出内容では、飲み水、交通費（移動費）、医療費、教育費、借金の返済代金、酒代、ギャンブル代などがあげられている。表4-5「1日あたりの世帯支出」に「不定期」という項目があるが、これは出稼ぎに出ていた家族などが一時帰村し、現金がまとまって手元に入った場合に発生する支出を指す。

　「1日にいくらの残高が手元に残るか」という質問では、7割の世帯が「現

表4-5 調査対象者の1日あたりの世帯支出：「不明」を除いた比率

該当世帯数	該当世帯数
4000未満	14
4000以上8000未満	9
8000以上1万6000未満	3
不定期	5
合計	31

(単位：リエル。調査結果から筆者作成)

金は残らない」と回答している。人身売買被害者世帯は、経済的に逼迫し、医療費の発生などの不測の事態やリスク（危機的状況）などには対応できていなかった。よって、誰かが病気になるなどの事態が発生すると、借金をしたり、土地を所有している場合は土地の売却をするなどしていた。

収入では11名、支出では29名が、収支の金額やその詳細について「わからない」「不明」ということであった。それらの理由としては、聞き取り対象者の中には、低年齢の者も含まれており把握していないことや、毎日収入があった訳ではないこと、毎回の収入の額が異なることなどがあげられる。金額の詳細を回答することは困難であっても、生活の状況を問うと「毎日の生活費を借金していた」「食事は2回できれば良いほうで1回の時もあった」「お粥のみの食事だった」「水だけ」「果物を採って食いつないでいた」などの回答であった。このことから各世帯の困窮状況の深刻さがみえてくる。

(3) 借金の有無と土地なし世帯

被害者世帯のうち、借金をしたくても貧しすぎて貸してもらえなかった世帯や、借金の有無が不明である14世帯を除いた借金の状況をみると20世帯は借金を抱えていた。借金の内容は「医療費への支出」が最も多く（17世帯）、「出稼ぎのための手数料・準備金（6世帯）」「食費・生活費（4世帯）」であった（表4-6：複数回答）。

医療費は、慢性的な栄養失調に由来する諸症状、飲食に伴う下痢をはじめ

表4-6 借金の内容

借金の内容	該当事例
医療費	17
食費・生活費	4
出稼ぎのための手数料・準備金	6
住居費	2
仕事のための作業道具	2
合計数	31

（調査結果から筆者作成：複数回答あり）

とした腸炎、発熱、肺炎、喘息など呼吸器系の疾患、不衛生な環境を原因とする皮膚炎、夫など配偶者からの身体的暴力による怪我、感染症（HIV／エイズ）の治療などに使われていた。喘息など呼吸器系の症状は、ゴミ山などでの廃材拾いや廃棄物を拾っていた世帯にみられた。ゴミ山の廃棄物が自然発火しガスが発生し、それを吸い咳が止まらないなどの症状である。

　通常カンボジアでは、軽症の場合、薬局で薬を購入したり、村内や郡内にある小さな民間の病院や伝統医療などで治療を受ける。しかし、当該世帯らは、十分な医療を受けられるだけの金銭的な余裕はなく、限られた薬剤のみで対応するしかなかった様子がうかがえた。したがって、完治する以前に症状を放置してしまう結果、最終的にはより症状が悪化し、州都などの規模の大きな公立病院か民間クリニックに運ばれるなどのケースが目立った。運ばれても医療費が払えず、資産となる土地や家畜などを売るという結果になっていた。

　注視すべき点は、「借金なし」と回答をしている対象者のうち、「借りたくても、貧しすぎて貸すことを断られた」「借りたくても返済の見通しがなく借りることができなかった」という世帯が「借金なし」に含まれている点である。つまり「借金はない」という言葉の裏には、「現金収入や食糧が十分にあり借金の必要はない」という意味には該当しない世帯が含まれている事情に留意しなければいけない。

　借金をした世帯の中には、想定されていたようには返済ができず、両親か

ら働きに出るように促された女児や、自らが国境へ行き仕事を探すことを決めた者もいた。また法外な利子をつけられ返済を迫る貸付業者・高利貸しの嫌がらせに耐えかねてその土地を離れる世帯や、返済の見通しが立たないことからやむを得ず土地を売却し現金を捻出し、その結果、土地なしになった世帯も存在した。

　被害者世帯の大半は、医療費、生活費、借金の返済金、移住労働の準備金などのため土地を売却して現金に代えていた。そのため本調査の結果では、50世帯中31世帯は土地なし世帯であることがわかった。被害者世帯は、医療費、生活費といった日常生活の危機対処のために土地を手放しているが、農地をもたないかれらにとって土地の売却は、最後の資産を失うだけでなく、「居住地を手放す」ことを意味する。

　本調査で該当する社会的に脆弱な立場におかれた「土地なし世帯者」の出身地は、先行研究において土地なし世帯の割合が高いと指摘されていた北部地域（天川2001a, 2001c）と重なり、「土地なし世帯」は「人身売買」の被害者になる可能性が高いことを示している。出身農村部において、土地を失った人たちが、必然的に日雇い労働の職が期待される北部、特に国境地域へと集まったということがわかる。

3. 被害者世帯と相対的貧困

　国連による貧困の定義では、貧困を単なる所得貧困（経済貧困）ではかるのではなく、「機会の剥奪」という観点からより広く多面的に捉えている。所得貧困以外に人びとにもたらされている医療、教育、健康、住環境をはじめとした社会環境、社会からの排除や文化環境に関連した権利や機会を剥奪された状況を「相対的貧困」と定義している。

　これらの相対的貧困の概念は、国連開発計画（United Nations Development Program：UNDP）の人間開発指標（Human Development Index）や、ジェンダー開発指標（Gender-related Development Index: GDI）、ジェンダー・エンパワーメント指数（Gender Empowerment Measure: GEM）、人間貧困指標

(Human Poverty Index: HPI）などにも採用されている。国連による多次元貧困指数（Multidimensional Poverty Index: MPI）では、人びとにもたらされる「機会の剥奪」による相対的貧困は、所得貧困の指標が示唆するよりも、深刻な貧困状況を招くものと指摘している。

センSen, A.）は「貧困」を「所得の低さ」としてとらえるだけでなく、人間としてもつ基本的な権利（衣食住をはじめとした生存権、社会権、文化権等）や機会、さらにはそれらを維持するための社会環境や活動状況が剥奪されている状態であるとする。こうした貧困観を踏まえ、本書における人身売買被害者らにもたらされている相対的貧困、権利や機会の剥奪状況をみていく。

(1) 人身売買被害者の教育状況

カンボジアの教育事情は、「国連ミレニアム開発目標（Millennium Development Goal: MDGs）」「万人のための教育（Education for All: EFA）」などの国際的潮流のなかで初等教育（6歳から小学校6年間）を中心に年々改善されてきているが、貧困世帯の子どもたちにとって教育の機会は必ずしも保障されているとはいえない。本調査の人身売買被害者たちの就学状況をみると、6割近くは一度も学校に通ったことがなく（未就学）、また学校に通ったことがある少女たちも、出稼ぎや兄弟姉妹の面倒ならびに家事労働を理由に、全員が通学を途中で断念している。

表4-7は、人身売買の被害にあう以前に中退していた者、被害にあう直前

表4-7 就学状況

就学状況／（最終学年も含む）	該当者数
初等教育1年〜3年	11
初等教育4年〜6年	7
初等教育6年以上	3
就学機会なし	28
合計	49

（調査結果から筆者作成）

に中退した者の双方を含めた、被害前の最終就学状況である（非就学年齢児は除く）。就学経験がない場合の理由は、「貧しくて通うことができなかった」「学費が払えなかった」「家事労働をしていた」「日雇いの仕事をしていた」などである。

　公立学校に通うにせよ教材費、制服、学校まで遠方であれば交通費、その他の費用の出費など、少なからず支出が生じる。さらに教員の采配に応じ補習授業が存在するところもある。この補習授業は教員の副業的な存在として開講されることが多く、生徒たちから100リエル、500リエルなどの授業料を徴収し、補習授業といいながらも、実質の授業に近いものが行なわれているケースもある。プノンペンでは1000リエル、700リエル、500リエルなど在籍学年などによっても異なるが、徴収額は年々高騰している。この補習授業に出ないと、次の日の学校の授業内容について行かれず、授業から後れをとってしまう生徒もいる。貧困世帯の子どもはこれに参加することが難しく、その結果、退学をしてしまうことも少なくない。

　人身売買被害者世帯は、経済的貧困を理由に子どもの教育費を負担することが困難であることや、子どもは重要な労働力であるという認識が強く、教育機会よりも労働機会を優先する現状にあった。また働くことを目的に学校を辞めた13名のうち半数は、「母親の指示によって学校を辞めた」という。

　さらに女児の教育に否定的な意識が影響している側面もあり、教育費を捻出することがより厳しくなる事例なども見受けられた。被害者の中には、弟や兄は通学していたが、「女の子には教育はそれほど必要ない。それよりも働くように」と言われ、「自分は通わせてもらえなかった」という者もいた。彼女らは「通いたかったが母親に逆らうことはできなかった」「自分の意思（通いたいという意思）を母親には絶対に言えなかった」という。これは、チバップ・スレイ（カンボジア女性規範）の「良き娘」像のなかで「娘は母親の意見に従うべきである」「娘は母に対して従順であるべき」と教えられ、娘にとっては母親の意思や指示は絶対のものとして教育された影響であると考えられる。

(2) 重層的貧困と人身売買

本調査の被害者の世帯事情や社会環境をみると被害者のなかには、人身売買に巻き込まれる以前に世帯内暴力やレイプ被害などを経験していた者もいる。人身売買被害者のうち、世帯内暴力の被害者が27名、レイプ被害（未遂を含む）などの性暴力の被害者が12名、HIV陽性の世帯構成員の存在によって差別を受けた被害者が3名いた（重複回答有り）。さらに、貧困や文化的影響による意識からの差別や偏見を理由に嫌がらせを経験していた被害者および世帯は、50世帯中29世帯存在した。このように人身売買被害者には、社会関係のなかで負の要素が重なり合い、貧困状況が悪化していた。

①世帯内暴力

カンボジアにおける「世帯内暴力」という用語は、配偶者間暴力（DV）、子ども虐待などを含む世帯内でおこる暴力・虐待を総称する。本書では「従属関係のもと同世帯内の構成員に対して振るわれる暴力」を「世帯内暴力」と定義する。親の権威性が強いカンボジアでは、本調査の限りにおいて子どもが親に対して暴力を振るうという事例は見当たらなかった。

人身売買被害者の世帯には、高い確率において、子どもへの虐待、配偶者間暴力（DV）が同時に発生していた。50名のうち半数以上の27名は、世帯内において身体的・精神的暴力を親から受け、同時に父親の母親への暴力が存在していた。子どもに対する暴力の虐待者は、6割近くが母親（実母、継母、養母）であった。

母親（継母・養母を含む）からの暴力行為は、食事を与えない、木の棒や石で叩く、ひどい暴言を吐く、ネグレクト（育児／養育放棄）などの身体的暴力および精神的暴力であった。また母親自身も夫から暴力行為を受けており、被害者である母親が、子どもを虐待する傾向にあり、世帯内で被害者が加害者になる暴力連鎖が発生していた。

②性的被害

　人身売買被害者50名のうち、12名が人身売買にあう以前に、レイプ被害・未遂、強制わいせつなどの性的被害を受けていた。加害者と被害者の関係は、実父（1名）、継父（1名）、オジ（1名）、集落内の顔見知り（7名）、集落内の友人（1名）、出稼ぎに来ていた者（1名）たちである（複数回有）。

　性的被害は農作業をしている最中、帰宅途中、親が不在中、意図的に外出を共にするように誘われた時などに発生し、被害者らは口外しないよう加害者から脅迫を受けていた。すべての事例に共通しているのは、突発的な犯行ではなく、被害者の行動パターンを知った上での計画的な犯行であった。被害者らは、被害を受けた理由を「貧乏だったから」「お金がないから何もしない（訴えない）と思われた」「貧しいから警察などに相手にされないと思われた」などといった農村内の自らがおかれた状況を手玉にとった犯行であったと回答した。

　女性の純潔性を重んじるカンボジアの農村ではレイプ被害にあうことは、世帯構成員にとっても恥ずべき行為と捉える傾向にある[*3]。被害女性は「被害者」でありながら、自分の罪であるかのような意識にかられ、過酷かつ辛い状況におかれる。それだけにとどまらず、被害者の証言の中には、集落内でレイプ被害にあったことが明るみに出て、以前にも増して差別や偏見が強まり、集団内で孤立した、あるいはいられなくなったなどのケースも見受けられた（第1章参照）。このような背景から、加害者からの脅迫を伴う口封じや、被害者は自身がレイプ被害にあったことを他言せず、事件発生が明るみに出ることが少ない。

③差別と孤立

　人間関係が固定化されているカンボジア農村では、経済状況や、職業、社会的地位、学歴（教育機会の有無）状況などの層化要因が敏感に働き、自己と他者との人間関係が築かれている。被害者の世帯は、経済的にも絶対的な貧困状況にあり、職種も日雇いなどの不安定な就労環境にあり、本人も就学

機会が欠如していた。

　本調査では、50世帯中29世帯の被害者らは、集落内で「差別や嫌がらせをされていた」と回答した。「差別されていた」というのは、非常に抽象的であり、個人によってその感じ方や捉え方が異なるため、立ち入って内容を問うと回答者らは「口を利いてもらえなかった（無視されていた）」「貧乏人」「汚い」「臭い」「あっちへ行け」という言葉を日々投げかけられ、「自分たちのことを見下していたように感じていた」と説明する。表4-8からわかるように、差別を受けていたと感じる理由の上位に「経済的貧困」があげられ、調査対象者らは出身村内でおおむね最貧困世帯層に属していたことがわかる。

表4-8　村で差別されていたと考える理由／原因

差別の理由（複数あり）	該当数
経済的貧困	22
家族内のHIV／エイズ感染者の存在	3
レイプ被害	2
世帯内暴力	2
売春宿にいたことが判明	2
母子世帯／単身女性世帯	2
合計	33

（調査結果から筆者作成）

　回答者たちは、居住村において「口を利いてもらえない」などの理由から、「自分たちの周りには誰もいなかった」「何か問題が起こっても相談する人はいなかった」「助けてくれる人たちはいなかった」「村長さんの顔は知っていたけど、口を利いたことなんてなかったし、相談なんてできなかった」などと証言している。このことからも彼女たちが、村で排除され、孤立していた状況が浮かびあがる。

　孤立した状態におかれると、他者との接触がないだけでなく、集落内のコミュニティからの断絶も意味し、自分たちを危険から守るための情報を得る機会が乏しくなる。そのため正しい情報を得られず、人から容易に騙されるなどの事態にも陥りがちである。

4. 人身売買被害者と斡旋人
（1）被害者と職業斡旋人との関係

　カンボジアで出稼ぎをするには、職業斡旋人（メークチョル）が仲介する場合と、親類等の知り合いなどの「つて」を頼りに行なう場合がある。職業斡旋人を利用して出稼ぎを行なう場合、斡旋人らが仕事の紹介や就職先にたどり着くまでの手配や準備などを行なう。職業斡旋者は、出稼ぎを望む対象者やその世帯のニーズ（労働力供給）と社会の需要（市場）を接触させる役割を果たす。この斡旋人がすべて人身売買の仲介人であるとは限らず、安定した職が得られるよう働きかけてくれる人びともいる。

　しかし、本調査対象者は皆、いずれかの過程において、仲介を果たした斡旋者に騙され売買された。人身売買が発生する際、一人の職業斡旋人がすべて行なう場合もあるが、往々にして多様な仲介者が存在する。人身売買という犯罪に関わる者には、「売り物」になりそうな女性・女児を探す者、不法入国の斡旋や輸送を行なう過程を担当する者、合法・不法を問わず入国等の越境の手配を行なう者、取引先との交渉・売買をする者など様々な役割分担がある。

　人身売買被害者・世帯が、斡旋人に接触する第一の目的は「出稼ぎ」のための職探しや、それにまつわる手続き、移動手段や移動ルート確保などを依頼することにある。出稼ぎを希望する者や家族たちは、「現在の状況が少しでも良くなれば」「今の生活から抜け出すことができれば」などの「期待」を抱いて仲介人に接触している。かれらは、斡旋人に対して藁にもすがる思いで自らの生活の好転への期待を託している。その一方、人身売買を目的とした斡旋人は、被害者に接触する時、表面上は出稼ぎの勧誘や手配等を引き受けることを理由に接触するが、世帯の経済的・社会的弱みを握っている。このとき、すでに斡旋人らは「商品」として被害対象者を標的にしているのである。

　この両者の関係からみえてくることは社会的に弱い立場に置かれた被害者らは、最後の手段として未来への希望と信頼を仲介人に寄せがちで、心理的

に斡旋人に依存しがちである。また、斡旋人は、情報を占有しており、依頼者に何の情報も与えないのが通常である。したがって、両者の間で無意識のうちに強者と弱者、支配と従属という関係が形成されている様態がみえてくる。

(2) 斡旋人との関係性——農村と国境地域を比較して

　農村と国境地域では社会環境が大きく異なることから、被害者と斡旋人との接触方法や関係性に違いがある。人身売買は「斡旋人」という市場を結びつける存在なくしては発生しない。農村では、斡旋者は少数で被害者と同様の集落には必ずしも定住せず、何らかの情報や機会があると、「商品」を探しに村に姿を現す傾向にある。

　他方、国境地域では、合法・違法にかかわらず越境を含めて職を得る方法や職種の多さに比例し、多数の斡旋人がいる。また斡旋人は、被害者らと同じ集落やごく身近な存在として存在する。それらの斡旋人は、カンボジア人のみならず、タイ人、マレーシア人など多様な国籍の者がネットワークを形成している。

　また農村における貧困世帯を狙った斡旋人は、積極的に当該世帯に接触し、出稼ぎを煽り、相手を信頼させ、身の上の心配や、世帯の事情を配慮し相談にのるなど親切な人を装い相手の警戒心を解く行動がみられる。農村では「メークチョル（職業斡旋人）に頼んで出稼ぎをした」と明確に「職業斡旋人／仲介人」に依頼したと認識しているものは4名のみで、その他は斡旋人に対して「親戚（身内）の知り合いや友人（8人）」「知り合い、あるいは知り合いの友人（5人）」といった呼称を使う。特に幼少のものは、この傾向が強い。彼女らは「色々と相談にのってくれた人」が「出稼ぎの準備や仕事の斡旋をしてくれた」と表現する。この「友人」が「斡旋人」であるのだが、騙された後も低年齢の場合は「斡旋人」とは言わず、「家族の知り合い、友人」と認識している。

　農村の被害者のなかには、明確に斡旋人に売られたと判断できる場合にお

いても「頻繁に家に来てくれた人が自分のことを売るはずはない。違う人に騙された」と売買された以後も、その者を斡旋人とは信じて疑わず、第三者に怒りをぶつける者もいた。他方、国境地域では、世代を問わず顔見知り程度の関係で、自らが斡旋人に接触し「職の斡旋」を依頼している。農村では、斡旋人から声をかけてくる傾向が強いが、国境では自ら斡旋人に声をかける。国境地域の方が、農村よりも容易に斡旋人に接触でき、斡旋人もこれに応じる。また斡旋人も「偽りの友人」といった関係などには姿を変えず、「職業斡旋人」として対応する。

　農村と国境地域における「共通点」をみると、被害者が騙されたことに気づき、斡旋人に訴えたとしても、斡旋人が責任逃れをしてしまう点である。多数の人が、売春宿等での性的搾取や、強制労働に従事させられるまでに介入しているため、「自分は知らなかった」と他者に責任転嫁する。また斡旋人は、女性や女児らを売買した後に、村やその場所を出てしまい、以前いた場所には居住していないなど、再度、被害者側が接触を試みるのが困難な場合もある。

　また「再度売られてしまうのでは」といった恐怖心から、自ら接触を試みることはまずないと被害者らは言う。以前居住していた村（出身）に戻った者のなかには、性産業にいたことが発覚し、村内で差別や偏見、憶測をもたれ転村を余儀なくされた者もいる。そのため被害者自身が差別や偏見に直面することを恐れ、帰村を望まない場合が多くの事例に当てはまる。このような背景から、被害者側から斡旋人に再度接触することは起きにくい。

まとめ——人身売買被害者の「貧困」をどのように読み解くか

　セン（Sen, A.）は、社会的に脆弱な状況とは「人間の基本的な活動を保障するための権利や機能が剥奪されていること」ととらえている。この状態の時、「貧困」が発生するという。カンボジア社会における人身売買被害者の貧困と社会構造をみると以下の図4-1のような構図が見いだされる。

　カンボジアにおける女性・女児の人身売買には、幾重にもわたる複雑な強

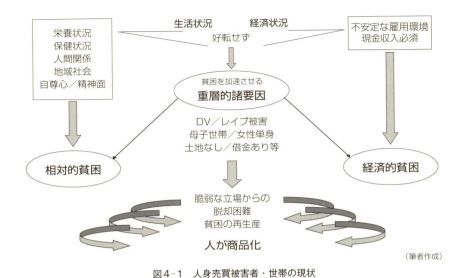

図4-1 人身売買被害者・世帯の現状

者による弱者の支配、弱者の強者に対する従属という関係が浮かび上がってきた。それは、絶えずより弱い立場におかれる人びとをつくり出し、その結果、「斡旋人」の背後にある人身売買市場へと呑み込まれていった。

　なぜ被害者らはこの構造に巻き込まれていったのか。それを理解するには被害者らの生活状況を考察していかなければならない。まず、被害者らは不安定な就業状況から最低限の生活を支えるための現金収入が不足するといった日常的な極貧状況におかれていた。そのため、日々の生活を営むことに精一杯であり、十分な栄養をとることができず、医療費の発生など不測の事態への対応が難しかった。医療費の支出や、生活費をまかなうためなどに借金がかさむと、それに付随した高額な利子が加わり、借金を返済することが困難となった。土地をもっている場合にもそれを売却するしか方法をもち合わせていない。土地を売却した世帯は居住地や田畑を失い、その結果として長期の出稼ぎ労働に従事することになる。

　彼女たちは技術をもっておらず、読み書きが困難な場合も多いため、職を求めた移住先では、日雇いや路上での荷引き、路上でのゴミの回収などが生

活の手段となった。生活は想定されていたよりも厳しく、不安定な状況におかれた。国境地域に移住した世帯らは衣食住をはじめ、現金収入がなければ生活を送ることができない。技術のない低所得労働者、とりわけ最貧困層の出稼ぎ者らは農村に残る家族への送金をする余裕もなく、送金を期待していた農村で待つ家族も生活費のために借金を重ねている。

　これらの状況では、栄養状況、保健状況の欠乏や、教育機会の欠如、人間関係のネットワークの構築、地域社会への参加といった生活面において様々な機会が奪われていった。このような状況は相対的貧困を増長している。

　そしてそれは、図4-1のように「経済的貧困」と「相対的貧困」のみならず、カンボジアの社会的および文化的な文脈のなかで差別や偏見を招く「重層的諸要因」が強く影響し合いながら、貧困状況に拍車をかけていた。それこそが集落内、世帯内での従属関係、ジェンダー要因など無意識のなかで、社会構造内に上／下、強者／弱者、支配／従属といった構造を生んでいるのである。こうした構造のなかで人権剥奪状況が加速され、「人身売買」という究極の人権剥奪が生み出されるのである。

第5章

国境地域における外部支援のあり方

暫定的に開かれた国境。国境警察の指示をうける越境労働者たち（筆者撮影）

この10年の間には政府、国際機関、NGOの連携により反人身売買対策が強化され、これらの成果により人びとに情報が知れ渡るようになった。一方、人身売買の斡旋者や被害者の動きは、いっそう水面下に潜るようになり、以前は目に見えた被害者たちの姿が見えにくくなっている。人の移動の拠点となっている地域では国境を越える多くの人の波のなかに、人身売買の被害者たちもいまだ含まれている。本章では、この近年の国境地域の現状を踏まえつつ、国境地域における外部支援のあり方を検討する。

1. 調査時から10年後のポイペト国境地域と臨時出入国ゲートでの越境移動

　カンボジアは2008年に「人身売買および性的搾取取締法（Law on Suppression of Human Trafficking and Sexual Exploitation）」を制定した。これは、人身売買に関する包括的な法律として位置づけられ、以前に比べ斡旋者の罰則も強化された。政府は国際機関の支援のもと、カンボジア全土において国境警察、警察官、村長、教員などに意識啓蒙の強化を目的とし、人身売買の予防や保護に関連する研修にいっそう力を入れるようになった。このような背景によりポイペトとタイ間の公式ルートである国際出入国ゲート（International Border Check Point）を利用しての人の密輸や人身売買は減少してきている。

　国境管理が強化された結果、表立った形での人身売買は減少傾向にある一方で、巧妙な越境ルートが水面下で動き、人びとは以前とは異なるルートを経由して移動をするようになった。カンボジアと隣接国との間には、陸路でつながる密入国経路が無数存在し、職業斡旋人をはじめとした仲介人や越境者たちは、以前に増してこれらのルートをより利用するようになった。つまり、国境管理の強化が人身売買の抜本的な解決を導いた訳ではない。

　従来は、被害当事者が移住労働を決心するその時点から騙され、本人の意思や約束とは明らかに異なる状況におかれ、強制労働をさせられ、保護を求めるといった目に見えた状態で人身売買が発生していた。しかし昨今では、移住労働、あるいは人身売買の狭間におかれた潜在的被害者が水面下に存在し

ている。

　移住労働の過程において労働許可書を雇用者が管理し、労働者自身は保持していないケースや、職業斡旋ブローカーを通じて職を得ている場合もあり、労働者本人が労働許可申請の詳細を把握してはおらず、知らぬ間に法的脆弱者になり、気づいたときには強制労働を強いられていたなどのケースが後を絶たない。

　越境に関する法的整備が進み、現在カンボジア人が公式入国ルートにおいて合法的に国境を越えるには、いくつかの法的枠組みが存在する。カンボジア人の合法的移動者は、①パスポートを所有している者、②国境通行証（Border Pass）を所有している者、③ボーダーチケット（カンボジア側）とタイ側で発行された入国カード（タイ側）を所持している者のいずれかである。

　国境通行証とは、タイの限定されている国境地域において、その隣接するカンボジア集落居住者のみに認められている最長1週間の滞在許可書である。滞在の延長が必要な場合は、再度更新手続きを行なう。入国カードとは、タイ側の入管で作成されるタイ側に位置するロンクルーナ市場のみに滞在できるカードであり、カンボジア人のみに義務づけられ、有効期間は6ヵ月間で、取得費用は200バーツとなっている（調査時）。またカンボジアからタイのロンクルーナ市場に行くためには、1日のみ有効の10バーツのボーダーチケットを購入する必要がある。そのボーダーチケットを出入国の時に提示し通行する。

　タイで労働をする場合には、公式滞在・労働資格の申請がさらに必要になる。これらの公式資格の申請には多くの壁が立ちはだかる。それは現状追認型の法的枠組みにより、手続きが複雑であることや、労働者の申請や書類の作成登録を行なうのがしばしば職業斡旋人や雇用主であること、合法的立場の申請に高額な費用が必要なことなどがあげられる。筆者が行なったカンボジア労働者への聞き取り調査結果の限りでは、上記のようなタイでの労働許可書を知らない者、また見たことのない者が数多くいる。

　今なお、タイにおけるカンボジア人労働者は、非合法での滞在が大半を占

め、強制送還や逮捕の危険性にさらされている非正規滞在者も相当数にのぼる。ポイペト国境トランジットセンターの提供資料*1によると、タイからのカンボジアへの送還者数は、2012年（1月〜12月）では合計10万2002人おり、18歳以上の男性6万1657人、同女性3万485人、18歳未満の少年5765人、少女4095人となっている*2。タイから送還される非正規の越境者は、トラックでポイペト国境ゲートに送還されるが、そのトラックでの送還回数は、最も多い月で288回、次いで203回などを記録し、1ヵ月平均152回程度の強制

国境ポイペトに強制送還された人びと（筆者撮影）

送還がなされている*3。またトラックによる強制送還者は、トラックの定員がいっぱいになるまでタイ側の拘置所に留置され、収容人数に達するとカンボジア側に送還される。

　2014年6月には15万人〜20万人ともいわれる非正規滞在者たちがポイペトの国境に送還され、当該地域は一時、混乱状態に陥った*4。この大量の送還者数の背景には、タイの国家平和秩序評議会（National Council for Peace and Order: NCPO）の長官が、「外国人労働者の雇用主に労働者の登録を要求し、人身売買ならびに非正規滞在者に関与した者を厳しく処罰する」と警告を発したことに起因すると指摘されている*5。以上のことからもわかるように、70万人〜100万人ともいわれている多くのカンボジア人たちが、就労を目的としてタイに滞在しているのである。

2. 回廊地帯を通じての越境ルート

　国境管理が強化されたことで、非公式ルートの越境による人の密輸や人身売買は増えている。また、多くの人びとが非公式ルートに流れたことから、タイ側では現状に対応してカンボジア住民のために、当面の特別措置として国境隣接地域での臨時労働書（カード記載名称「カンボジア人労働書」）を発行するようになった例がある*6。

　この国境出入口を通るとき、越境労働者は臨時労働書を提示する。この臨時労働書は、タイ国境警察管轄下で作成され、限定的な土地のみでの労働を認める仕組みとなっている*7。カンボジア越境者たちは、毎日早朝国境ゲートを越え、タイ側で農業などの日雇いの仕事をし、夕方カンボジア側に戻って来る。このカンボジアとタイの国境は、簡単なワイヤーで仕切られているだけで、ワイヤーの反対側には雇用主たちが待ち構えており、その日の労働場所へと移動する。

　ここで問題となるのが、この越境ルートにおける臨時労働書の扱い方法である。当該地では、カンボジア労働者たちが所持している臨時労働書（IDカードとなる）を、カンボジア側を出る際にカンボジアの国境警察に渡し、

その後、カンボジアの国境警察がタイ側の国境警察に越境者情報としてそれらを提出し、労働者が国境出入口に戻って来るまで、タイ国境警察が保管し

職を求め臨時回廊ゲートに集まる人びと（筆者撮影）

ワイヤーで区切られている国境回廊
タイ側（右側）で雇用主が待ち受ける（筆者撮影）

第5章　国境地域における外部支援のあり方

ている。そして夕方、越境者がタイ・カンボジア国境に戻ってきたときに、本人に返却される仕組みである（調査時）。しかし、すべての越境者が臨時労働書を所持しているとは限らず、非常に柔軟かつ流動的な対応となっている。

今見たような国境管理の方法では、カンボジア労働者らはタイ側での就労中、あるいはタイ国内に滞在している際に、タイにおける労働ならびに滞在を許可する書類を所持していないことになる。労働者たちは、臨時労働書以外の労働許可書ならびに身分証明書を所持していない。前述

違法のカンボジア・タイ国境回廊（筆者撮影）

した臨時労働書（カード）を国境タイ警察が保管している現状では、タイ滞在中に越境者たちは、自分の身を守る手段をもたない。この臨時労働書は越境の際の管理手段ではあるが、労働者の身の安全や労働権等の人権を保障する役割を果たしてはいないのである。このように現在のタイ、カンボジア国境地域の状況をみると、合法と非合法が共存しあうような空間、明確な線引きが困難となるグレーゾーンを生み出している。この「狭間」の場所では賄賂や権力者による越境者に対する暗黙のルールが支配する。

タイ側は、自国の国境近辺の農園や産業のための労働力移入を必要とし、このようなタイ側の「需要」を利用して、カンボジア側から犯罪に巻き込まれやすい情報をもたない労働者が日々国境を越える。この移動労働力の波を利用して、人の密輸や人身売買も横行する。このグレーゾーンは、国家の法が介入する空間でありながら、越境労働者にとっては、必ずしも法や制度に守られているとは言えない安全性の低い場所となっている。

そればかりでなく、法規範、警察、入管などの国家による介入状況も不安定であり、その動きは両国間の政情や担当者の恣意により敏感に左右される。このような空間においては、政情不安や政策の動きなどにより、ある日突然、越境者の存在が脅威とされかねない。そのような場合には、越境者はしばしば、長期にわたり拘置所に留置されてしまう。越境者たちは、両国間の政治状況に敏感で、負の影響をうけやすく脆弱である。

3. 国境地域における外部支援とその限界——社会環境の再編は可能か

　人身売買の多発地となり、国内の多くの人びとが引き寄せられる国境地域で、外部からの支援がどのように行なわれているか、その現状を眺め、そこに見出だされる課題を検討し、人びとが主体性と自律＝自立を回復するための支援のあり方を考える。

　ポイペトは、メコン河流域諸国の大メコン圏をつなぐ南部経済回廊の拠点地で、タイ地域市場とカンボジア国内農村を結ぶ重要な拠点であり、経済特別区として制定され、国境を越えた人の往来が著しく増していることは繰り返し述べてきた。今後、国境地域における地域経済連携の勢いが増すにつれ、南部経済回廊の役割とその大メコン圏に与える影響はさらに強まるであろう。

　現在のカンボジアの経済発展は、国家政策のもと「地域経済連携」という名の先進地域への経済依存（先進地域からのトリクルダウン）の道をひた走っている。ODAをはじめ、海外支援はこの開発事業に向けられ、国・民間資本主導のトップダウン型の開発を進める。

　「地域間格差是正」「貧困解消」という大義名分のもとで、大メコン圏の経済活発化を目的とするプロジェクトが進み、道路、港湾、電力（隣国から輸出される）などのインフラが整備され、これらを統括するプノンペンなどの大都市には再開発と高層ビルの林立、そして外見上の繁栄がもたらされている。

　しかし、それと同時に、このトップダウン型プロジェクトの負の側面にも注目する必要がある。巨大規模による一極集中型プロジェクトは、都市と農

村などの国内格差の是正にはほど遠い。いや、格差はかえって拡大し、農村から都市への人流、後発国カンボジアから先発国タイへの人流が続いているのである。このリスクの伴う移動を余儀なくされているのは、言うまでもなく国内格差の底辺におかれた人びとなのである。

　現在、南部経済回廊には多額のODAが投入されており、この外部援助を軸に大都市や既得権益集団には、繁栄の恩恵がもたらされている。だが、その裏では、社会の分極化現象が進展し人びとが農村を離れ、国境周辺にたどり着く。そして、かれらの間でも社会的に脆弱な立場におかれた者たちが容易に商品として、地域市場に吸収され、取引／売買され続ける悲しい現実がある。

　国際機関が主導していた人身売買被害者への支援は、今では政府に委ねられる方向に転じるようになった。だが、国境を越えた移動には相変わらずリスクが伴い、国境地域でのグレーゾーン越境では、人権蹂躙の事例が相次いでいる。政府などの対応は、この問題の拡がりに追いついていない。

　カンボジアでの国際援助機関や二国間ODAは、内戦からの復興時、さらには国家の貧困削減を掲げた時期には、社会開発の支援に力を入れていた。その後、インドシナの市場経済化重視の時期に入り、政府主導の経済基盤の強化、それを前提とした民間投資促進の援助へと方向転換してきた。

　カンボジアのトップドナーである日本の援助変遷を振り返ると、1959年に「日本・カンボジア経済技術協力協定」が締結されたことにさかのぼる。この時期に、日本は賠償援助の形で東南アジアへの経済協力を始めたのだが、カンボジアは賠償を放棄したため、主として無償のインフラ整備や母子保健等の協力が行なわれた。しかし、ポル・ポト時代や国内の政治的混乱により援助は中断された。

　その後、1991年の「パリ和平協定」締結後、1992年からは一般無償資金協力が再開され、地雷除去、道路整備など「人間の安全保障」援助、国連暫定統治時代の選挙監視や法制整備援助などの平和構築、復興援助を行ない、1999年には円借款が供与されるようになっている。

近年では、日本政府はメコン地域の経済成長、格差是正を看板に掲げ、経済発展援助に力を入れており、2009年から開かれている日本・メコン首脳会議を足場に、水資源管理、道路、港湾、電力、通信等の産業基盤整備に対して関係諸国により巨額の借款を供与するようになった。また、アジア開発銀行（ADB）と連携して、民間投資の地ならしとしての都市再開発、経済特区整備等のインフラ投資の比重が増えている。中国の進出も視野に入れた「戦略」援助の狙いもあり、日本は現在のカンボジア経済発展の下図を描いてきた、といっても過言ではない。

　日本の援助は、ODA大綱（1992年）、新ODA大綱（2003年）の時代には、人権や環境配慮を掲げていたが、2015年の開発協力大綱の前後から「国益」重視となっている。メコン地域での急速な経済発展の陰に増加している膨大な脆弱者たちの人権状況は残念ながら二の次になっていると言わなければならない。今後の開発支援の現場に従来のような人権を中心に考えた社会開発の視点を再度もち直し、経済発展から置き去りになっている脆弱者、貧困者たちが安全な暮らしを保ち、主体的に生きていく上での選択肢を広げることを支援するような外部支援が必要である。

　ポイペトの国境周辺における外部支援は、歴史的経緯を踏まえて、主に緊急一時支援の形態をとってきた。緊急一時支援とは、衣食住といった人間の生存に関する緊急支援や、国境で多発している人権問題や、人身売買問題に対する被害者や強制送還者の保護や帰村に対する支援などがあげられる。このような支援は主として、国際機関、NGOの手により行なわれてきたにもかかわらず、なぜ状況は改善されないのか。それには、いくつかの理由が考えられる。

　まず、日本などの援助国および周辺国による経済政策を重点においた構想に伴い、次から次へと国境周辺に人流が増大している現実がある。この人流増加により、住民の状況を行政が把握することが難しくなっている。緊急援助の対象は際限なく増え、国際機関やNGOの限られた予算と人員では手のほどこしようもない。

また緊急の食糧配布、医療、教育、住居の提供などが限られた範囲で行なわれているが、支援が終了した場合でも、支援対象者らに自活の道が保証されているわけではない。従来の国境地域における移住労働者や人身売買被害者への支援は、農村に戻す（帰村させる）ことを主にしていたが、支援対象者らは、農村に戻るという選択肢をもち得ていない場合もあり、そのまま国境地域に滞在し続けるしかない。そのため、緊急支援から中期支援、長期支援といった段階を追った支援のプロセスがないまま、もとの苛酷な社会環境へとひとたび戻されると、再び緊急一時支援が必要な状態へと逆戻りしてしまう。このような背景から、再度たやすく人身売買の対象になってしまいがちなのである。

　さらに住民らが居住地としているカンボジア側の国境地域では、農村のような形態で農業ができるような土地になっていない。そのため、田畑や家畜を所有している者はごく限られている。通常国境地域の人身売買の被害者や、人の密輸の対象者となるような脆弱な立場におかれた人びとは、小さなロットに小屋を建て、ささやかに暮らしている。つまり、住居のみを提供しても、確実な現金収入を得ることが可能な雇用の斡旋をしなければ、経済的自立への道のりは遠い。国境地域で活動するNGO関係者は、「手に職がつくような職業訓練の機会を提供しても、技術を得るまでには時間がかかるため、多くの者たちは、出稼ぎへと流れてしまう」と頭を悩ませる。

　これらのことから、国境地域では外部の人道支援が行なわれながらも、それは周囲の社会環境と必ずしも合致しないうらみがある。こうして、被支援者の間で、貧困が再生産され、人身売買や犯罪へと再度、巻き込まれていく者も出る。つまり、基本的ニーズのごく限られた一部の支援は、特定の人びとにもたらされてはいるものの、支援が必要となる前段階の状況におかれている貧困層や、支援を一度受けた人びとが自立の手段を獲得するまでの過渡的支援が欠如している。そのため、対象者の自立への持続的な効果をもたらすには必ずしも至っていない現実がある。

　ピラミッド型のトップダウンの一方的な支援方法では、支援対象者の主体

的選択のプロセスには手がおよんでおらず、社会環境への働きかけがない。支援対象者たちが、自らのモノ化を拒否し（人権が踏みにじられ客体化させられている状態）、主体性を確立し、機会や選択可能性を拡大し、社会への参画を果たすことによって、地域協同によるコミュニティ形成はなされる。脆弱者たちの貧困脱却の可能性は、かれらがどのような外部介入と結び付くか、いかなる社会環境をもち得るかによって左右されるのである。

まとめ——国境地域における支援の再考

　近年のポイペトの状況を眺めると、表向きは人身売買はなくなったかのようだが、実際は非正規ルートからの越境が絶えず発生しており、移動者たちの安全が確保されているとは言いがたい。多くの移動者たちは、不安定な労働形態のまま国境を越えた就労を余儀なくされている。現在の非正規ルートは、両国間における政治的状況に強く影響を受け、労働者たちは日々翻弄されている。

　ポイペトという国境地域では、人びとの現金収入を目的とした移動労働が、タイ市場、その先にある地域・世界市場に吸収されていく様が浮かび上がる。かれら労働者は、タイの一次産業を支えているばかりではない。かれらは同時に、メコン地域における市場経済活動の重要な一端を担っている。豊富な資金が国内に流れ込み、カンボジアの経済市場主義を促進する。それが、カンボジア農村から国境地域、国境地域からタイへの人流を生み出す。

　この動態をとらえるとき、国境地域での利潤追求経済の先には、そびえ立つメコン地域と世界市場の姿が見えてくる。人身売買という犯罪に巻き込まれる女性や女児たちをも含む脆弱な立場におかれた人びとも、このようなシステムの延長にある商品となっているのである。

　国境地域における外部支援では、人身売買や人の密輸に巻き込まれる可能性の高い住民は生存ぎりぎりの社会環境におかれている結果、外部支援も一時的・緊急的なものにとどまっている。それは必ずしも、住民らの生活条件の持続的改善と結びついていない。次から次へと流入する人の中には、支援

第5章　国境地域における外部支援のあり方

からもれる者も多い。そのため治安も悪化しがちで、脆弱者の貧困が再生産されていく現状にある。この現状を考えると、現在の「押し戻し型」支援は再考されるべきである。緊急一時支援を、自律＝自立支援、持続支援と結びつけ、三本柱の一環として展開していく必要がある。つまり、かれらの国境地域における定住を支援するような型の持続的な支援政策が望ましい。

　同時に、脆弱者自身も、外部支援を契機にして、自らが社会の客体としての位置から主体性の獲得へと進み出すことが望まれる。それは自立的なコミュニティの形成、公共空間の確立の努力と相伴う性質のものである。脆弱者たちが抑圧的な社会構造と向き合い、社会環境を再編していくとき、貧困からの脱却の可能性はそこにあらわれてくる。

第6章

貧困からどう抜け出すか

ゴミの集積場で売れるものを裸足で探す少女(筆者撮影)

本章では人身売買の被害者となる社会的な脆弱者たち、またその世帯が外部からの支援、情報、共感により貧困の悪循環から抜け出していくプロセスをみる。彼女たちが貧困から抜け出す道筋は外部者の介入をきっかけとし、主体性を獲得し自己変革によって社会環境に変化をもたらすことにより開かれる。

1. 脆弱者から主体者へ

ソム
家族構成：ソム、子ども（女18歳、男14歳、女11歳）
＜HIVの感染と差別＞
　夫の死後、ソムの体調に異変が生じ、NGOが運営している保健所へ行き血液検査を受けた結果、HIVに感染していることが判明した。自分が感染者と知った時は、この先どうしたらよいのかわからず、非常に悲しくて、毎日泣いていたという。ソムは、日に日に痩せていき、倦怠感がつのり村の人たちが「どうしたのか」と心配して訪ねて来た。「HIVに感染した」と伝えたところ、近隣住民たちの態度は急変し、一切、口を利いてくれなくなった。（ソムの）子どもたちは誰とも遊んでもらえなくなり、集落内で孤立するようになった。（当時、HIV/エイズに対する正しい知識や情報が人びとに普及されておらず、感染者は差別の対象となった。）
＜経済状況＞
　以前は、義理の姉の土地で野菜を栽培し売っていたが、ソムがHIV陽性者と判明すると、HIV感染者に対する偏見と差別から、野菜を誰も買ってくれなくなった。そのため、作った野菜を販売仲介人に売り、かろうじて現金収入を得た。現金が足りなくなった時は、借金をし子どもたちの食費にあてた。
＜子どもの出稼ぎ＞
　ソムの体調が思わしくなく寝込んでいる時、「子どもの面倒もみるから

仕事をさせないか」「子どもをポイペトで働かせないか」「タイに働かせに行かないか」と職業斡旋人が次々と訪ねてきた。ソムは、子どもを出稼ぎに出すべきか、どうするべきか、悩む日々であった。職業斡旋人らは、ソムの世帯に頻繁に訪れ、お米などの食料を渡し、また子どもの心配をするそぶりをしつつ、子どもの出稼ぎを促していた。ソムは、日に日に経済状況が苦しくなり、相談相手もおらず、どのように生きていけばよいかわからず、途方に暮れていた。斡旋人から詳細な子どもの出稼ぎに関する情報を得られぬまま、具体的にタイ行きの話が進み始め、不安だけが増していたという。

＜差別の日々からNGOのプログラムに参加＞

　そのころ村長は、村に出入りするNGOにソムの苦境状況や職業斡旋人の様子などからソムの子どもが人身売買されそうな状況を伝えた。連絡を受けたNGOはソムを訪ね事情を確認し、ただちにソムの世帯を支援者リストに加え、子どもをシェルターに保護することになった。ソム自身も生活支援の一環を兼ねNGOの自助グループに参加することになった。

　ソムが自助グループに参加するきっかけは「日用品や、食べ物、HIVの薬をもらえ、子どもの生活の面倒をみてもらえる」ということが理由であった。ソムにとって、自助グループに参加することで食物や薬をもらえることは、願ってもいない話であった。当時ソム家族の生活は苦境を極めており「このままの状態では、本当に子どもたちも死んでしまう」とも感じていたという。

＜プログラムの参加と他者の存在＞

　ソムは村のなかで孤独を感じていたが、プログラムに参加すると、経済的、社会的に厳しい状況におかれている人や、自分と似た境遇におかれている人たちがいることを初めて知った。当時の心境を「自分だけではないと思った。NGOの作業所に通うことになり、寂しくなくなった。自分の問題を皆に相談するようになった。自分一人の問題だと思っていたけれど、相談ができて本当に嬉しかった。また、孤独感が薄れ体調も徐々に良くな

り、以前の生活から良い方向へと変わって行った」という。

　（ソムは）プログラムに積極的に参加し、体調も最悪の状況から脱するにつれ、自分と同じような状況におかれている人のことが気にかかるようになった。また、プログラムに来なくなった人のところにも、自ら訪ねるようになった。今では、積極的に自分とかつて同じような状態にいる人たちを訪ね、NGOの生活支援プログラムの存在を伝え、貧困世帯の孤立を防ぐ活動のグループ・リーダーとなっている。

＜グループ・リーダーになって＞

　差別を受けている貧困者世帯は、ソムが訪問するまで孤立し、情報へのアクセスや、人との関係性がきわめて乏しい状態にある。彼女たちは生活を維持するのに精一杯である。しかし、ソムの訪問を受け、自助グループやプログラムに参加し始めると「寂しくなくなった」と言ってくれることに、ソムはやりがいを感じている。

　ソムは、かつての自分をふり返ると「自分がこのような活動に入ることは想像もつかなかった」と語る。「いまは、自分が人の役に立っていると感じられる。自分のことを待っていてくれている人たちがいると思うと頑張っていける。自助グループの活動では、自分たちが抱える問題を話すことによって一体感が生まれ、一人ではないといった気持ちになる」という。

　ソムはこうした役目を積極的にこなすようになり、自助グループのリーダーとしてNGOから職を与えられるまでになった。もしNGOとの出会いがなかったら、ソムの子どもたちは人身売買され、児童労働させられていたに違いないと、ソムは感じている。

＜社会環境の変化＞

　社会的に弱い立場におかれていたソムたちが、貧困に拍車をかけ孤立を招く要因となる差別や偏見に対して誤った知識をただし、住民らへの理解を求めている。これらの活動に対して当初、近隣住民らは困惑した様子だったが、徐々に理解を示すようになった。地域社会も前向きな変化のきざしを見せ始めている。

ソムは、「このような役目をもって、以前と違った日々が来ることになろうとは思わなかった。私たちは、同じボートに乗っている。一人ではない。今、私は、自分に自信をもつようになった。それは、自分の果たすべき役割を見出したから」という。

（現在、ソムは、エイズで夫を亡くしたなどの理由の未亡人世帯や、母子世帯、経済的貧困状況下にいて人身売買に巻き込まれる可能性の高い世帯など合計28世帯の家族を周期的に回って状況を確認している。ソムが訪問する以前は、これらの世帯は差別の対象として、集落内で孤立し、人を恐れ、他人を寄せ付けない世帯ばかりだった。）

（1）外部介入と仲間の存在

ソムは夫を亡くした母子世帯主で、経済的貧困でかつHIV陽性者でもあったため、差別や偏見をもたれ孤立していた。ソムの例は、社会的に弱い立場におかれた世帯が人身売買の被害者世帯へと転化していく代表的な事例ともいえる。日々の食事もままならず体力も衰え、生活手段を失ったソムは生きて行く手がかりを見出せず、幼少の子どもを出稼ぎに出すことを考えていた。

農地を耕すソム（筆者撮影）

ソムの事例のみならず、人身売買に巻き込まれる可能性の高い脆弱者やその世帯らは、外部支援が介入するまで「食べるものがない」「どうすることもできない」「この状態が続くと死んでしまう」といった家族の生存や現状に対して限界を感じていた。このような状態におかれていたソムのもとに、NGOのスタッフが訪問し「自助グループに参加しないか」と声をかけたことから変化が生まれた。「村長」という農村状況を把握する存在（キーパーソン）が、NGOと村内とのネットワーク形成や外部介入のきっかけとなった。

　ソムは、NGOのスタッフに対し「孤立していた自分を何度も訪ねて来てくれて本当に嬉しかった。自分たちのことを心配してくれて、NGOの活動のことなども説明してくれた。ただその時は、明日の食べ物がもらえることが一番大事だった」という。

　NGOスタッフの介入により「誰かが関わってくれることで、家族の今日の暮らしが保証されることがわかり安心した」とかつてを振り返る。ソムがNGOとの関わりをもつ第一の目的は「食べ物にありつく」「生活支援をしてもらう」ということであったが、プログラムへの参加の回数を重ねるごとに、当初の目的からは想像できなかったほど、自分の生活に大きな変化がもたらされていることに気づいた。

　それは自分と同じような境遇におかれている人の存在を知り、彼女たちと関わりあうようになったことに起因する。彼女はかつて「自分と同じような境遇におかれている人が他にもいる」などと想像もできなかったという。自分と同じ状況におかれた他者の存在を知ることは、彼女にとって安心感を与えることになった。

　ソムのみならず社会的に弱い立場におかれていた人たちは、NGOの生活支援活動（自助グループ活動）に参加し、「仲間の存在で自分が強くなれた（16名）」「仲間がいるので心強い（13名）」「生きる意欲が出た（11名）」「自分の意思で物事を決められるようになった（5名）」など自身の変化を見出している（表6-1）。その心理的変化は人生に対する悲観的な精神状態から肯定感や積極的な方向へと生活の変化をもたらすものとなっている。

ソムは、これまで誰にも相談することのできなかった自分の経験や問題をNGOの自助グループ活動などで相談することにより、「同じ境遇にいる人だからこそわかりあえる」という一体感と仲間意識をもつようになっていった。これまで同じ境遇におかれた他者の存在を知り得なかった人びとが、自分と同じ仲間の存在を知ることにより、当事者同士の支えあいやグループ意識によって連帯感を感じ、新しいコミュニティを形成する姿がみえてくる。そこではピラミッド型の階層コミュニティに代わって、コミュニティ内のメンバー同士が支え合う水平的なコミュニティが作り出されていった。このような動きを通じて、彼女たちは自分がおかれた社会環境を自ら変化させていくに至ったのである。

表6-1　自助グループ参加者たちの心理的変化

内的変化（複数回答）	人
生きる意欲が出た	11
仲間の存在で自分が強くなれた（自信をもてた）	16
自分に役割ができた	4
仲間（友達）ができた	10
仲間（友達）がいるので心強い	13
人前で話せるようになった	3
自分を守ることを知った	3
働く意欲が出た	4
安心して生活を営めるようになった	3
将来を考えるようになった	2
自分の意思で物事を決められるようになった	5
変化なし	2
合計	76

（聞き取り調査結果から筆者作成）

(2) 支援対象者から支援者へ

　ソムの「支援を受ける側」から「支援を提供する側」へと変化するプロセスには、当事者同士が集まる「場」の形成が重要な要素となっている。また問題の当事者であるという意識が芽生え、当事者だからこそ相手のことがわかるという意識が働き始める。それは当初、支援を受ける側にいた当事者が

グループを引っ張っていき、支援を提供する側にまわっていくなどの動きから見えてくる。個々の状況を思いやることによって、コミュニティの結束力を強めると同時に、自らの主体性を強めることもできるようになっていった。当事者同士の関係性が相互のケアを通じて変化し、それがいっそう、相互扶助意識の強いコミュニティ形成へとつながっていくのである。

　ソムの支える側に転じようと思った理由は「かつて自分が支援される側にいたので、彼女たちの気持ちがわかる」「自分に何かできないか」「自分と同じ状況におかれている人が他にもいるのではないだろうか」といった自らも「当事者である」という強みがもっとも大きく、さらには、自分以外の他者に対する配慮や貢献という動機があげられた。

　支援対象者から支援者へと転化した人のなかには、自ら「グループ・リーダーという役目を担うことはできないだろうか」とNGOに尋ねにいく者もいた。「なぜ、実際に行動へ移せたのか」という質問では、「仲間たちが応援してくれたから」「自分にも何かできるはず、といった強い気持ちが出てきたから」などの回答があった。

　段階をへながらも主体性を獲得していった者の「他者を支援する」行為は、彼女らにさらなる内発的変化を生み出した。これを、貧困克服の「正の連鎖」と呼ぶことができる。「正の連鎖」のプロセスは、自らの意思で判断し、積極的に行動を展開し始めるといった主体性の芽生えから始まる。さらに他者を思いやり関わるといったケア行為に進み出ると、このケアを通じて両者の関係性が水平的な連帯関係へと昇華し、「正の連鎖」「正の循環」があらわれ、新しいコミュニティの形成がみえてくる。

　つまり、かつての自分と同じ立場にいる者たちが絶望的な状況から立ち直り、前向きな変化がみえると「自分が役に立つことができた」「誰かを支えることができた」「役目をもったことで、また自分に自信がついた」「仲間としての意識が強まった」など、支援者としての喜びと同時に自らの自尊心の向上、さらには当事者同士の結束力の強化にもつながる。

　このことから「他者を支援する」という社会的な行為は、支援者自らに対

しても、内的変化をもたらさせる効果がある。最初、支援行為は、支援対象者に向けて「きっかけ」を与え、「関わる」といった外部者としての介入（外部性）にとどまる。だが、支援対象者の前向きな変化や、問題を共有し解決していく過程で、これらの外部性が両者の意識や関係に影響をもたらす内的な動きへと変化し、両者に心理的な変化（内部性）が出て来るようになる。

　さらに脆弱者らが自らの活動の場を拡大していくことは、集落内に公共性を回復することにつながる。公共性の回復とは、脆弱者と外部者を排除しがちな権威主義的なコミュニティ、つまり「脆弱者」をつくりだすような社会構造を組み直していくことを意味する。これは、社会関係の一部の変化に始まり、社会全体の変化を導きうることを示唆している。個人の間の変化だけでなく、社会全体にも影響をもたらすような社会的な動きへと変化してくるのである。

　従来、住民たちが「差別や偏見の対象者」と思っていた人が、積極的に集落内などで活動を展開することによって「あの人たちでもやれるのだ」「できないと思っていた人たちができる」といった、当該者への見方にも変化をもたらす。当初、脆弱者とされていた人びとが、他者との関わりのなかで自ら内発的変化を起こすことにより、集落内での脆弱者に対する対応や人間関係、すなわち社会関係にも変化があらわれてきた。

　それはソムを取り囲む周囲との関係の一部が変化することによって、当事者を取り巻く社会環境も変化させることができる可能性があることを示している。このような農村内部において支援を必要とする者たちの集団的ネットワークを形成するに至った背景には、まさに農村の社会環境の礎となっている相互扶助や、他者への関わり合いといったコミュニティの存在があった。農村住民同士が構成する地域社会の連帯という農村コミュニティが基礎になければ、このような場や空間は形成されることはなかったと考えられる。

　一方で農村コミュニティは、権威主義が支配し個々の成員を拘束する場でもあった。つまりこうした両面性を農村コミュニティは兼ね備えているのだ

が、コミュニティ構成員らによる社会的な動きにより、コミュニティがもつ権威主義的な排他的性質を、他者を受容する寛容なものに変化させていくことも可能であることを、こうした事例から知ることができる。

2. 主体性の獲得段階とそのプロセス
(1) 主体性獲得までのプロセス

人間の基本的な権利（衣食住をはじめとした生存権、社会権、文化権等）や諸活動を達成するうえで、社会生活への参加や自尊心の向上なども含め、その人、個人が成りうる状態やできることの拡大が生活の質の向上につながる。それには当事者の主体性の獲得が必要な要素となる。脆弱者が主体性を獲得することにより自律／自立への道につながり、その時、貧困からの脱却が可能となる。

本書における社会構造内において社会的な客体として位置づけられていた脆弱者らは、第三者、NGO等の支援の下での集団的立ち直りによる新しい社会関係の創出により主体性を獲得できる可能性を秘めていることを事例か

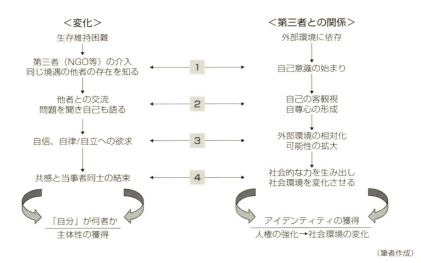

図6-1　脆弱者の変化とその段階

ら知った。彼女たちのおかれた社会環境の変化は、次のように導き出される（図6-1）。

　まず階層型ピラミッドの内部で脆弱者が社会構造の従属者（能動的かつ主体的意思をもつことが困難な客体）としておかれている共通状況として、困窮状態があげられる。脆弱者たちは貧困、土地の喪失、一家離別、差別・偏見からの孤立等の、あるいはこれらの要因がいくつか重なったことにより負の連鎖のなかにおかれる。第三者の介入はこの時点から開始される。

　第三者が介入することにより脆弱者にもたらされる第一の変化として、「自己意識の始まり」がある。それは日々の生活を維持することに精一杯で、主体的な自己意識をもつ余裕がない彼女らが、第三者と接触することにより、自分自身を社会のなかで客観的に捉えるようになってくる。その場合、自分と同じような境遇におかれた人びとの存在を知ることでより自己を客観的に捉えるようになる。他者という「鏡」を通して自己を知ることが、変化のきっかけとなる。また「自分だけではない」といった孤立感情からの脱却にもつながり、心理的安心感を与えることにもなる。他者という存在が、自己を照射する手段になり、集団的な自己認識を通じて、自身の変化が始まっている。

　第二の変化は、「自己を客観視し始め」「自尊心が芽生え始める」のである。当事者同士が集まる場では、他者の状況や、他者が抱えている問題などを聞くことによって、他者と自分を比較し、自分自身も見えてくる。つまり、「この人には自分と同じ状況でも、この部分が私よりも大変だ」「私の方がこの部分では大変だ」「この人は、他にこのような問題を抱えている」といった他者を介した自己認識である。自己を客観視することによって、以前とは異なる目線から自己というものが見えるようになる。これは人権意識の獲得への第一歩ともいえる。自分がいつまでも社会のなかで従属的立場におかれ、他律的な状態であり続けていては、人権意識を獲得するのは困難である。

　自己を客観視できるようになると、自己が抱える問題に気づき始め「自分の現状はどうしてこうなのか」「なぜそうなったのか」といった、自分自身

の意思や考えが生まれ始め、社会関係における自分、さらには世帯内における自分を客観的に捉えるようになる。このような疑問を自助グループの場などで他者に伝えることによって、他者の意見を聞くと同時に、自己の問いかけが可能になる。そして、自分の話に対して耳を傾けてくれる他者の存在によって、今まで、抑圧されていた自尊心が芽生えるようになるのである。

　第三の変化は自律／自立を通じた「可能性の拡大」である。自己を客観視することによって現状に対し自分自身の意思が芽生え、自律心が育ちはじめる。それは、日常という「社会のなかで自分をどのように位置づけるか」という問いをもつことでもある。彼女たちは同時に、自分の意思ではどうすることもできなかった状況（＝社会環境に従わざるをえない状況、選択肢をもっていない状況）から、自助グループなどを通じての職業訓練や、経済的自立にむけての可能性を見出すことにより自信をつけ始める。

　経済的貧困かつ相対的貧困をも兼ね備えた状況で、教育機会を得ることが難しかった脆弱者にとって「自分にもできる」という「自信」をもつことが、ピラミッドの底辺に位置づけられていた状態からの脱却の前提となる。なぜなら、この「自信」が可能性の拡大をもたらし「明日」を想像することが難しかった状態から、「明日」への希望や期待を持ち始めるようになっていくからである。このことによって、脆弱者は主体的な生き方へとより強く自己変革を始めるのである。

　第四の変化として、他者の問題に対して「共感」を持ち始め、当事者同士の「結束」があらわれる。それは、現存の状態（社会環境）を変化させる力を生み出す。ソムの事例では、彼女が主体性を獲得するにつれて、彼女は自ら積極的にコミュニティ内で活動を展開するようになった。ソムは、孤立世帯や厳しい状態におかれている人びとに対して「あなただけではない」と自助グループへの参加を促すようになった。それは他者のおかれている状況に対して強く共感をもったことに発している。

　それはコミュニティ内部の強者−弱者の力関係を変えていくことにつながり、集落内などにおける差別・偏見を生み出す人びとの意識を変える可能性

も秘めていた。この「社会的な力」は、以前の社会関係に変化をもたらすものであり、明日を考えることも困難だった人たちが、「生きよう」「明日は何をしよう」といった具合に、「生」を前向きに捉えるようになっていった。このような前向きの志向は、主体性をもった生き方を導き、人権の強化を促す重要なものとなる。それはかつての脆弱者が「自律／自立者」へと変貌していく姿をあらわす。

以上が、農村内部で客体化されていた脆弱者がいかに主体性を獲得し、社会環境を変化させていったかのプロセスである。自分ではどうすることもできない過酷な状況下におかれている者が、いくつかの段階を経過することによって、社会構造の底辺に位置づけられる「従属者」から既存の社会環境を「変化させる人びと」になりうる可能性があることを、本例では示した。

(2) 当事者とは誰か、主体性の真意

本章で検証した事例から脆弱者の主体性の獲得には、NGOを主とした第三者の介入が有効であることがわかった。自分のおかれた社会環境を「当然の状態」としてではなく、NGOの支援の下で客観的に見つめることで「知る」ことになり、ここに自己への変化が始まる。これは自己変革への道すじであり、自らを「当事者」へと変化させる過程でもある。

社会の構造のなかで傍観的な立場におかれていた人びとが、外部からの介入によって自発性に目覚め、主体性を獲得して育んでいくことで社会環境が変化する。これは、「当事者自身がみずからの経験を言語化し、理論化して、社会変革のための『武器』にきたえあげていく実践性」[*1]を獲得していく最初の一歩といえる。当事者とは、自分を客観的にとらえ、自らの存在に社会的意味を見出し、その人自身が「主体性」をもち合わせたときに「当事者」になるのであり、外部環境のなかで自己の状況や問題でありながらも傍観させられたままでは、決してその人は外部環境に働きかけることはできない。

ある人が過酷な環境におかれているのを見て、それは「自己責任」であるというレッテルを貼りがちだが、外部環境に支配されたままの本人は決して、

生活支援プログラムの作業に精を出す女性たち（筆者撮影）

自己責任の主体、すなわち当事者たりえないのである。自らがおかれている現状を客観視できない場合に、人は自らの権利を主張、実現する立場に身をおくことは難しい。

　主体性を獲得した脆弱者らが、「当事者」として同様の状況におかれた他の人びとと連帯しつつ、社会環境を変えるべく働きかけをしていくとき、自らの生活の質（well-being）を向上させることが可能となる。さらに選択肢をもち、機会の拡大や公共空間を広げたとき、それは社会的な動きと連動しつつ、「脆弱者」を生み出す社会環境を変える力へと転化する。

まとめ——貧困からの脱却とその方法

　支援とはどうあるべきかを考えるとき、一方的な支援は対象者を社会構造の傍観者としておき続けてしまう。このような非対称的な関係の下では、対象者が当事者に転化することはありえない。「支援」の本来の意味が問われ、「支援」が「自律／自立」のための支えであるとするならば、それを妨げる

ような関わり方（ひとりよがりの物資援助であれ、あるいは貧困は「自己責任」と決めつけるような関わり方であれ）は、脆弱者の人権の剥奪状況を継続させることになる。すると支援とは支援者側の意識も含め「自らが変わること」によって「社会関係を変えること」という道筋が見えてくる。支援者という第三者との関わりのなかで「脆弱者」たちは、「所与の」貧困者のニーズ（貧困者に必要とされる物や状態など）を変える当事者として、立ちあらわれてくる。

　脆弱者が脆弱者であり続ける限り、かれらの人権回復は難しい。脆弱者自らが主体性を獲得し、当事者性を得ていくプロセスを通じて、初めて社会の新しい開発の道が開ける。そうでない限り、かれらは、いつまでも支援を受け続ける存在にとどまらざるをえない。そのことは同時に、抑圧的社会構造が存続することを意味する。このような社会の変化には、支援者側と支援を受ける側、社会構造の影響を受ける者と影響をおよぼす者、双方の関係性の変化が必要である。「一方」の変化のみでは、社会構造の抜本的変化はもたらされない。両者が変化したときに、そこに真の社会変化が存在する。ここに「貧困」をなくしていくような、より平和的な社会形成への展望が生まれるのである。

おわりに

　カンボジアにおける人身売買の調査を開始して早くも14年の歳月が経った。開発、貧困、教育、人権という言葉をキーワードに、世界各国の援助機関がカンボジアに集まり、多額の資金が投入されてきた。現在ではその援助の波は引き、経済発展、民間投資という言葉が溢れている。社会の表層をみると、カンボジアにおいて貧困や人身売買はすでに過去のものであり、存在していないかのようにみえる。しかし、不可視化された貧困については、警鐘を鳴らし続けなければならない。

　カンボジアはこの10年で大きく様変わりした。農村部における移住労働は、以前と比べるとより日常のものとなった。移住労働の一般化は、現金所得、消費財、家計の経済的向上など光の側面をもたらし、農村の生活や人びとの意識にも変化が訪れた。都市や国境地域では、移住労働によって得る収入を家族に送金するためのシステムも確立され、送金を扱う代理店などが出現している。

　このような移住労働の日常化を背景に、人身売買か否かの線引きが困難となるグレーゾーンが厚みを増すようになってきている。市場経済化の進展のなかで、プッシュ要因、プル要因、他律性、自律性が複雑に絡み合い、移住労働者の搾取が現在も続いてしている。移住労働の日常化により、不可視化された人の移動の実態に注意を払わなくてはならない。

　移住労働者たちは、家族や親族などの人的ネットワークを頼り出稼ぎを選択しているが、貧困層の世帯は職業斡旋人が不可欠である現状は変わらない。人身売買の斡旋人は、「モデル」的な「成功者例」を農村内に人為的に作り上げ、貧困者を人身売買に誘い込む。本書で示したように、移住労働を決断

した労働者が知らぬまに搾取の構図へと飲み込まれ、徐々に被害者へと転化していく事例が増えてきている。

「貧困」をケーパビリティの剥奪と捉え、カンボジアの人身売買を社会構造の側面から分析するとき、マクロ的な構造的暴力の把握は重要である。本書では、こうした社会的な影響下にある「脆弱者」たちが、同じ立場の人びとと交流することによって、いかに自分の主体性ならびに当事者意識を確立し、社会システムの変化に踏み出しうるかの道筋を示した。

「受動的」=「客体化された」民衆の自己意識の獲得、自律心の養成、そして自立と平和的な共生への歩みから、社会構造の見直しが始まる。この社会変革は、適格な第三者の介入（支援／援助）をきっかけに、目に見えない人間関係の豊かさと、貧困からの出口を見出そうとする脆弱者たちの自律／自立から行なわれる。それは同時に、人権を強化するための動きでもある。

真の社会変化をもたらすには、脆弱者の復権のみならず、かれらを取り巻く外部者自身の気づきや、意識の変化、さらに認識の転換といった、社会成員間の関係の変化が必要である。貧困が社会関係から生まれるのであれば、社会関係を変えることによって、権利を奪われた「脆弱者」は初めて、貧困を軽減し、豊かさを獲得する可能性が出てくる。

弱い立場におかれた人びとの自己認識、当事者としての主体性の獲得、社会参加を通じての自信の獲得も同時に重要となる。外部者の仕事は、当事者のこの気づき、意識の転換を助けることだが、それは外部者自身が、自分と当事者間の関係に変化をもたらすことから始まる。人身売買の被害者が、自ら自分の人生の手綱をもち、自らの足で一歩一歩生きて行くうえでは、私たちの想像以上に数多くの障壁が立ちふさがる。

彼女たちは、現在もこれらの経験の傷跡を抱えながら、今を生き、新たな一歩を歩みつつある。十数年前に人身売買被害を経験した少女や女性たちが、今現在も、カンボジアのどこかで生活をし、様々な障壁や困難に立ち向かっている現実に思いを馳せてほしい。人身売買が見えにくくなっている今日、彼女たちは過去の存在ではない。彼女たちが経験し、また現在もたたかって

いる生の問題は、現在進行形の問題であることを本書を閉じるにあたって確認しておきたい。

そして最後に、私たちもこの目に見えない暴力が維持される社会の構造ピラミッドの形成に関わっている。私たちも社会構造を維持している一員であるとすれば、その目に見えぬ社会構造の見直しも私たちにとっても決して無縁のことではないはずである。この私たち自身のごくささやかな「気づき」から社会構造の再編は始まる。

そう考えるとき、本書の被害者たち、ソムらの問題はけっして他人事とは言えないことに気づいてほしい。私たち一人ひとりの「気づき」と「意識」により、社会的に弱い立場におかれた一人ひとりの命と人権が守られる礎が形成されるのではないだろうか。その私たちの「意識」に「実践」が伴ったとき、社会は少しずつ平和に近づいていくと確信している。

本書は、早稲田大学大学院アジア太平洋研究科博士課程の博士論文が基となっている。人身売買被害者や世帯への主な聞き取り調査結果は、2004年から2008年の論文執筆時の調査データに基づくが、その後の追跡調査を含め、本書におけるフィールド調査期間は、2004年から2016年の足かけ12年に及んだ。人身売買被害者あるいはその疑いのある被害者の聞き取り調査では、主に一時保護シェルターに保護されている被害者を対象とし、シェルター内における聞き取り調査を実施した。聞き取り対象者のなかには一時保護を終え農村に戻った者もおり、その場合は帰村先に赴き聞き取り調査を行なった。

本研究において、研究倫理はきわめて重要な事項である。調査対象者らのデータの扱いや調査方法は慎重に行なった。特に人身売買被害者に対しては、人権ならびに当該分野における特有の倫理的配慮が求められた。筆者による全ての聞き取り調査では、世界保健機関から出されている『人身売買された女性との聞き取り調査のための倫理と安全に関する提言（*WHO Ethnical and Safety Recommendations for Interviewing Trafficked Women*）』に従った。

調査では、被害者らの安全を最優先すると共に、社会的、心理的リスクを最小限に抑えるように配慮し匿名性を約束した。フィールドワーク同行者ら

については、適正な人材を選定し倫理規範に基づき調査を遂行した。こうした点は、国連機関の多機関連携部局として人身売買に特化した活動をしてきたUNIAP（United Nations Inter-Agency Project on Human Trafficking）が提示した追加留意ガイドラインに重なっている[*1]。

　人身売買に関する研究者として、調査活動のなかではできるかぎり現地への還元を意識してきた。しかし、調査者はあくまでもアウトサイダーでしかありえず、研究者としてどうあるべきか、当事者から直接話を聞いた者として何ができるのか、という葛藤が生まれた。筆者は研究者として、人身売買被害者が示す世界と社会の構造を提示することで、微力ながら今後も継続的にその役目をはたしていきたい。それは、「脆弱者」がおかれる現実と、国際社会が創りあげる「貧困」と「社会構造」への関心を深め、「支援のあり方」を再検討することに役立つ。

　現在も、華やかな都市の発展の裏側で多くの人が貧困におかれ、脆弱者は都市から排除され、差別や偏見のなかで人身売買は存在している。今この瞬間も、どこかで人身売買の被害にあっている人がいる。人身売買という犯罪に巻き込まれた人びとは、その後の人生を過酷な現実を背負いながら生きていかなくてはならない。

　本書では、女性、女児に焦点を当て論じてきたが、カンボジアには、男性、男児にも人身売買は行なわれ、彼らの現実もまた厳しいものとなっている。こうした問題を直視する視点を持ち、見ようとしなければ見えないこの問題にどのように向き合い、注視していくべきか。私たち一人ひとりに問いかけられている。本書が少しでも、彼女たちにもたらされている現実を他者に伝えることができれば幸いである。

　本書の執筆にあたり、なによりも人身売買被害という堪え難い経験をした女性・女児たちが沈黙を破り、自らの体験を「言葉」にしてくれたことに心から感謝したい。

　そして、本書の基となった博士論文執筆や調査、研究に対してご指導下さった早稲田大学名誉教授　西川潤先生、早稲田大学大学院アジア太平洋研

究科教授 黒田一雄先生、ならびに早稲田大学大学院アジア太平洋研究科の先生方、立教大学コミュニティ福祉学部教授 湯澤直美先生、調査・研究に関して貴重なアドバイスやご指導下さった諸先生方に深くお礼申し上げたい。

特に人身売買をテーマに博士論文にまとめあげるという長いトンネルの中を右往左往している筆者に叱咤激励しながら温かく見守りご指導して下さった恩師である西川潤先生には、感謝の念に堪えない。

カンボジアでの現地調査においては、ジェンダー分野の専門家で人身売買等に関する情報や資料を提供して下さった中川香須美氏、カンボジアでの調査のきっかけを与えて下さった国際子ども権利センター代表理事で文京学院大学教授 甲斐田万智子先生、そしていま、この瞬間も、人身売買の問題に立ち向かい、筆者の本調査への協力を惜しむことなくサポートして下さった現地NGOの関係者の皆さん、そして、10年を超える歳月にわたり調査に協力してくれているソポル・チャ氏に感謝の意を表したい。

一人ひとりのお名前をあげることはできないが、本書は多くの方のサポートや協力のもと完成することができたこと、そして出版という機会を与えてくださり、内容や構成など、静かに見守りながらも、ご助言ならびにご尽力くださった明石書店の兼子千亜紀氏、関正則氏にもこの場を借りて心からお礼を申し上げたい。

最後に、いつも陰ながら支え応援してくれる家族に心から感謝したい。

2018年8月吉日

島﨑 裕子

※本書はユニフェム日本国内委員会（現国連ウィメン日本協会）・升本美苗基金の2006年度研究奨学助成、日本学術振興会の科学研究費補助金（特研奨励2011年度、2013年度／課題番号23・7772および若手研究（B）2014年度－2017年度／課題番号26760018）の研究成果を含んでいる。

(筆者撮影)

注

序　章

* 1　UNODC（2014）p.5, p.7, p.17。データ数は2010年から2012年の人身売買の発生状況となる。本報告書が分析対象としている被害者数は4万177人で、人身売買罪の容疑者が3万3860人おり、そのうち起訴されたのは3万4256人、処罰されたのは1万3310人となっている。
* 2　*Ibid.* pp.5-8
* 3　ILO（2014）*"Forced labour, human trafficking and slavery"* Facts and figures
* 4　*Ibid.*
* 5　*Ibid.* p.5, p.29
* 6　*Ibid.* p.5, p.29
* 7　*Ibid.* p.10
* 8　ILO（2014）*"Forced labour, human trafficking and slavery"* Facts and figures.
* 9　人身売買禁止ネットワーク、『人身売買被害者支援の連携の構築──地域、国境を越えた支援に向けて：調査および活動報告書』、トヨタ財団2005年度地域社会プログラム助成事業、お茶の水女子大学21世紀COEプログラム、人身売買禁止ネットワーク、2007年、1頁
* 10　同上
* 11　UNIAPのプロジェクトは、2002年から2003年、2003年から2006年、2006年から2009年といった期間に分けられ、小規模プロジェクトの連携、各国の行動計画の策定、事業の連携と強化などの内容で活動が進められた。
* 12　Kingdom of Cambodia Nation Religion King, *Declaration on measures to be taken for the implementation of the National Five Year Plan Against Child Trafficking and Sexual Exploitation 2000-2004, Royal Government of Cambodia*, No.01S.Pr.K
* 13　四本（2004）186頁
* 14　日本語では、売春のほか買春、売買春、買売春といった用語も使用されている。売春する側と買春する側のどちらの議論に着目するかにより、表記の区別がされている。例えば法律的には、18歳未満の子どもに対する性的搾取および性的虐待は児童買春と表記される（児童買春、児童ポルノに係る行為等の規制及び処罰並びに児童の保護等に関する法律）。本書では、売春する側と買春する側の両方の議論を扱うが、読者の混乱を避けるため、一般的な表記である「売春」を使用する。
* 15　四本（2004）191頁、筆者の聞き取り調査からも同様の内容が判明された。また

2004年12月に首都プノンペンで発生した「チャイファホテル事件」でも政府内の汚職と背後に隠れるシンジケートの関係性が国際社会から批判された。
* 16 Galtung（1975）（1976）（1978）（1980）（1991）etc.
* 17 Galtung（1991）p.5
* 18 Galtung（1991）p.5
* 19 Sen（2000）、西川（2000）303頁
* 20 西川（2000）303頁
* 21 1985年のナイロビで開催された「第三回世界女性会議」を皮切りに、「平等」「開発」「平和」をキーワードに「持続可能な開発」の実現のために、1991年の世界女性会議（マイアミ民間女性会議）、1993年のウィーン世界人権会議、1994年のカイロ国際人口・開発会議、1995年のコペンハーゲン社会開発サミットと、次々と女性の権利を主張する行動綱領や戦略が打ち出された。同時に「女性に対する暴力」という構造的な側面にも注目がおよび、その結果、1993年国連総会で「女性に対する暴力撤廃宣言」が採択された。
* 22 マリア・ミース、C.V. ヴェールホフ、V.B. トムゼン（1995）『世界システムと女性』（古田睦美・善本裕子訳、藤原書店）

第1章　農村における人身売買被害者の実態

* 1 ただし、居住地集落において協力的に捜査が進んだとしても、被害を受けた当事者たちの心境は複雑で、近隣住民たちの陰口や噂もないにもかかわらず、「今まで可愛がってくれていた祖父の態度が冷たくなった」「帰村したときに、住民たちに、汚れた子などと言われないか（聞き取り調査時：シェルターに保護中）」など、自分がカンボジアの女性規範から逸脱してしまったことへの恐怖心や、それを恥じる心境に陥っていることが、彼女たちの発言からわかる。

第2章　国境地域における人身売買被害者の実態

* 1 以前は、オーチュラヴ郡（District, Srok）内に属する区（Commune, Khum）として登録されていたが、人口増加ならびに経済特別区の影響などにより、2008年12月には「郡（district）」の傘下の「行政区（Commune）」から、「ポイペト市（Municipality）」へと改変された。同行政区への独立には、隣接するニミット行政区（Nimit Commune）と合併する形で、2008年1月12日～2009年1月9日を移行期とし、2009年には正式に独立行政区として編成された。
* 2 本書では、人身売買の被害者・世帯、レイプ被害者などの事例を扱うために守秘義務により、A村およびB村が所在する集落を非特定とする。A村は通常農村と異なり村のサイト番号（領地番号）が存在するが（調査時）、そのサイト番号も非特定とする。
* 3 2013年の追跡調査時では、労働者たちは、タイ越境での日当の価格交渉で、120バーツでは、賃金が安すぎるとして受け入れず、150バーツから200バーツ程度で労

働を行なっていた。しかし、同年のタイの最低労働賃金は、一日300バーツであることから、近年にいたってもタイでの最低賃金以下で労働を行なっている。

第3章　カンボジアの近代史と農村の現状

*1　民主カンプチア連合政府の内訳は、ポル・ポト派は4万5000人、シハヌーク派は500人、ソン・サン派は1500人と推定されており、依然、ポル・ポト派の勢力が強かったことがうかがえる。

*2　第二回ジャカルタ非公式会議、シハヌークとフン・セン首相のパリでの円卓会議、カンボジア問題国際会議、ジャカルタ非公式協議、カンボジア和平東京会議、カンボジア和平国際会議、ASEAN外相会議、ASEAN拡大外相会議などが開かれた。

*3　パリ和平協定は、ヘン・サムリン政権、シハヌーク派、ポル・ポト派、ソン・サン派の四派によって調印された。四派による和平協定が結ばれ、UNTACによる暫定統治はあるが、カンボジアの主権は四派で形成される「カンボジア最高国民評議会（SNC）」に与えられた。この国際社会の介入により、このインドシナにおける国際問題は終焉したと認識されている。

*4　United Nations S/23613, 19 Feb. 1992, S/23613/Add.1, 26 Feb 1992. Berdal, M./Chandler, D.（2000）p.240

*5　National Accounts of Cambodia 2003-2005

*6　ILO（2016）, *Cambodian Garment and Footwear Sector Bulletin, Issue 4*, August 2016

*7　Ministry of planning（2013）National Institute of Statisticsより．National Institute of Statistics（2013）

*8　NIS（2004）p.7

*9　*Cambodia Socio-Economic Survey 2014*, National Institute of Statistics

*10　World Bank（2006）p.26

*11　*Ibid*.

*12　所得分配の不平等を表すジニ係数は、指数が1に近ければ近いほど所得分配の不平等が高いことを示す。

*13　World Bank（2006）p.29, p.78

*14　UNICEF（2005）p.126

*15　NIS（2014）p.57

第4章　人身売買被害者とはどういう人たちか

*1　世界銀行は、2015年10月から国際貧困ラインを1日1.25ドルから1.90ドルに変更した。調査当時の国際貧困ライン（絶対的貧困ライン）は1.25ドルとなっている。

*2　カンボジア政府による国家貧困削減戦略（National Poverty Reduction Strategy: NPRS）の定義による。カンボジア政府の食糧貧困ライン基準値（1日2100キロカロリー）を満たす食糧消費として支出が計算されている。World Bank（2009）p.7, p.12

＊3　LICADHO（2006）p.9

第5章　国境地域における外部支援のあり方

＊1　2013年社会福祉局・退役軍人・青少年更生省（Ministry of Social Affairs, Veterans and Youth Rehabilitation, Cambodia: MoSVY）の提供資料。
＊2　少年・少女は家族や親族と一緒に越境した者も含まれる。人身売買被害者及びその性別内訳は記載されていない。
＊3　タイからの送還先はポイペトとされている。そのため、ポイペトには、多機関連携チームが組織化され、送還の受け入れにあたっている。多機関連携チームは、社会福祉・退役軍人・青少年更生省（MoSVY）、国境入管、国際機関、NGOで形成されている。ポイペトの送還等の拠点となるセンター（通称：トランジットセンター）では、人身売買の被害者がいた場合に、一時保護し、NGOと連携して対応をとるシステムがある（現在、国際機関からカンボジア政府へと移管されている）。他の国境地域には、多機関連携やトランジットセンターは存在していない。ただし、2017年3月時点においては、国際機関ならびに国家予算の削減により、多機関連携の活動、およびトランジットセンターの機能も低迷している。また、カンボジアへの強制送還者が増えるに従い、ポイペト以外（バッタンバン州、コンムリアン国境ゲート）からの送還も出始めている（2017年2月28日の未明に315名の非正規滞在者が当該ゲートに強制送還された。カンボジア地元新聞／Koh Setepheap 2017.2.28から）。
＊4　NGO関係者、ならびに帰還してきた非正規滞在者からの聞き取り調査結果によると（2014年8月9月）、国境に戻ってきた者のなかには、強制送還された者と、自主的に戻ってきた者の双方が存在した。当時は、1日あたり数万人が国境に押し寄せたという。筆者が聞き取りを行なった労働者たちのなかには、今回の事件で自分が初めて非正規滞在者であったことを知った者も含まれていた。その理由として、渡航一切に際して、職業斡旋人に資金を支払い、その斡旋人にすべてを任せていたという（2014年9月聞き取り調査結果から）。
＊5　NCPOは2014年6月17日にカンボジア労働者を強制的に排除したことを否定し、あくまでも噂が広がったことが原因であることを強調した（Phnom Penh Post, 5 July 2014）。筆者による帰還者たちの聞き取り調査では、「カンボジアに戻る3日前にバンコクの滞在先に警察が来て、カンボジアに戻るよう言われ、戻らないと逮捕すると伝えられた。怖くて戻ってきた」という回答が共通して得られた（2014年9月）。
＊6　Prery Kup Border（2013年8月当時）。カンボジア側国境警察ならびに臨時労働書を所有している住民らへの聞き取り調査によると、2013年5月頃から申請が開始されたという。発行されている臨時労働書（標記名：カンボジア人労働書）には、「朝入国-夕方出国、行路、タイの住所（県、郡、行政単位、村の名前まで）、所有者の氏名、年齢、性別、顔写真、カンボジアの住所（県、郡、行政単位、村の名前まで）」が記載されている。カードには発行管轄行政官庁などは記載されていない。ポイペト国境警察によると、このカードを取得できるのは、この村の住民に限ると

いう。2013年8月に当該地で筆者が行なった聞き取り調査では、住民の臨時労働書の取得料金や、発行条件等について、情報のばらつきがみられる。
＊7　当該地に隣接しているサーカェウ県、アランヤプラテート郡、パーライ行政区（タムボン）、パーライマイ村のみでの労働許可となる（2013年8月現在）。

第6章　貧困からどう抜け出すか
＊1　中西・上野（2003）16頁

おわりに
＊1　UNIAP（United Nations Inter-Agency Project on Human Trafficking）(2008) *Guide to Ethics and Human Rights in Counter-Trafficking: Ethical Standards for Counter Trafficking Research and Programming*, Bangkok: UNIAP

引用・参考文献

ADHOC（2004）, *RAPE: Attitudes and Solutions in Cambodia*, Phnom Penh: ADHOC.
―――（2006）, *Human Rights Situation Report 2005*, Phnom Penh: ADHOC.
Arensen, Lisa（2005）, *Reintegration Assistance for Trafficked Women and Children in Cambodia: A Review*, Phnom Penh: The Asia Foundation.
Asian Development Bank（ADB）（2007）, *Cambodia Country Report: Capacity Building for Resettlement Risk Management-Regional and Sustainable Development Department*, Manila: ADB.
Bales, Kevin（1999）, *Disposable People: New Slavery in the Global Economy*, Berkeley: University of California Press.（大和田英子訳『グローバル経済と現代奴隷制』凱風社、2002年）
Barry, Kathleen（1979）, *Female Sexual Slavery*, Englewood Cliffs, NJ: Prentice-Hall.（田中和子訳『性の植民地――女の性は奪われている』時事通信社、1984年）
Berdal, M. and Leifer, M.（1996）,'Cambodia'. In Mayall, J.（ed.）, *The new interventionism 1991-1994: United Nations Experience in Cambodia, former Yugoslavia and Somalia*, Cambridge: Cambridge University Press, pp.25-58.
Browne, K. & Herbert, M.（1997）, *Preventing Family Violence*, John Wiley & Sons Ltd.（薮本知二・甲原定房監訳『家族間暴力防止の基礎理論――暴力の連鎖を断ち切るには』明石書店、2004年）
Burchett, W.（1981）, *The China-Cambodia-Vietnam Triangle*, Chicago: Vanguard Books; London: Zed Press.（土生長穂・小倉貞男・文京洙訳『カンボジア現代史』連合出版、1992年）
Cambodian League for the Promotion and Defense of Human Rights（LICADHO）（2004a）, *Cambodian Women Report 2004: A Brief on the Situation of Women in Cambodia*, Phnom Penh: LICADHO.
―――（2004b）, *Rape and Indecent Assaul*, Phnom Penh: LICADHO.
―――（2006）, *Violence Against Women in Cambodia*, Phnom Penh: LICADHO.
CARE International（1994）, *Men are Gold, Women are Cloth*, Phnom Penh: CARE International in Cambodia.
―――（2001）, *A Good Wife: Discussions with Married Women about Life, Health, Marriage and Sexuality*, Phnom Penh: CARE International in Cambodia.
Chandler, David P.（1999）, *Brother Number one: a Political Biography of Pol Pot*,

Boulder, Colo: Westview Press.
——— (2000), *A History of Cambodia*, Boulder, Colo: Westview Press.
Council for Social Development (2002), *National Poverty Reduction Strategy 2003-2005*, Phnom Penh: CSD.
Delvert, J. (1961), *Le paysan cambodgien*, Paris: Mouton. (石澤良昭監修、及川浩吉訳『カンボジアの農民——自然・社会・文化』風響社、2003年)
——— (1983), *Le Cambodge*, Paris : Presses Universitaires de France. (石澤良昭・中島節子訳『カンボジア』白水社、1996年)
Department of State, United States of America (2005), *Trafficking in Persons Report*, NY: Department of State.
Derks, Annska (1997), *Trafficking of Cambodian Women and Children to Thailand*, Phnom Penh: IOM.
——— (1998a), *Reintegration of Victims of Trafficking in Cambodia*, Phnom Penh: IOM.
——— (1998b), *Trafficking of Vietnamese Women and Children to Cambodia*, Phnom Penh: IOM.
——— (ed.) (1996), *Cambodia Report: Gender Issues in Contemporary Cambodia*, Phnom Penh: Center for Advanced Study, Development Association.
Derks, Annska , Henke, Roger and Vanna, Ly. (2006), *Review of a Decade of Research on Trafficking in Persons*, Phnom Penh: Center for Advanced Study and The Asia Foundation.
Ebihara, M. and Ledgerwood, J. (2002), *"Aftermaths of Genocide: Cambodian Villagers" min Annihilating Difference: The Anthropology of Genocide*, (ed.) Hinton, A., Berkeley: University of California Press.
ECPAT-Cambodia (2005), *Database Report-Project on "NGO Joint Statistics on Rape and Trafficking 2003-2004"*, Phnom Penh: ECPAT-Cambodia.
Galtung, Johan (1975), *Peace: Research・Education・Action - Essays in Peace Research Volume one*, Copenhagen: Christion Ejlers.
——— (1976), *Peace, War, and Defense*, Copenhagen: Christion Ejlers.
——— (1978), *Peace and Social Structure-Essays in Peace Research Volume three*, Copenhagen: Christion Ejlers.
——— (1980), *Peace and World Structure*, Copenhagen: Christion Ejlers.
——— (1969), *Violence, Peace and Peace Research*, (1971), A Structural Theory of Imperialism, (1984), *Cold War, Pease and Development*, (1989), *Fall in East Europe*, (1990), *what Happened and why?* (高柳先男・塩谷保・酒井由美子訳『構造的暴力と平和』中央大学出版部、1991年)
Geiger, Vance (1994), *The Return of the Border Khmer: Repatriation and Reintegration of Refugees from the Thai-Cambodian Border*, Peter Utting (ed.), *Between Hope and Insecurity: The Social Consequence of the Cambodian Peace Process*, Geneva:

UNRISD.
Gottesman, E. (2003), *Cambodia After the Khmer Rouge: Inside the Politics of Nation Building*, Yale: Yale University Press, London: New Haven & London.
Hach, Sok, Huot, Chea and Boreak, Sik (2001), *Cambodia's Annual Economic Review-2001*, Phnom Penh: Cambodia Development Resource Institute.
Healthcare Center for Children (HCC) (2002), *Studies on The Main Locations of Trafficking and Sexual Exploitation of Women and Children between Vietnam, Cambodia and Thailand*, Phnom Penh: HCC.
Heng, Chammroen and Thida, Khus (2004), *Survey Report on Cross Border Migration and Trafficking Bamteay Mean Chey Province*, Phnom Penh: ILO- IPEC.
Hughes, Caroline (1996), *UNTAC in Cambodia: The Impact on Human Rights*, Singapore: Indochina Programme, Institute of Southeast Asian Studies.
——— (2003), *The Political Economy of Cambodia's Transition 1991-2001*, London, NY: Routledge Curzon.
Hugo, Graeme. (2005), *Migration in the Asia-Pacific Region*, A paper prepared for the Policy Analysis and Research Programme of the Global Commission on International Migration, (https://www.iom.int/jahia/webdav/site/myjahiasite/shared/shared/mainsite/policy_and_research/gcim/rs/RS2.pdf, accessed 15 August 2014.)
Huguet, Jerrold W. and Chamratrithirong, Aphichat (eds.) (2011), *Migtation Report 2011: Migration for development in Thailand: Overview and tools for policymakers*, Bangkok: IOM.
International Labour Organization (ILO) (1997), *Protecting Children in the world of work*, Labour Education 1997/3 No.108, Geneva: ILO office.
——— (2001), *Labour Migration and Trafficking Within the Greater Mekong Subregion- Proceedings of Mekong Sub-Regional Experts meeting and Exploratory Policy Paper-*, Bangkok: ILO.
——— (2005a), *Thirteen Synthesis Report on Working Conditions in Cambodia's Garment Sector*, Phnom Penh: ILO, August.
——— (2005b), *Trafficking for Forced Labour: How to Monitor the Recruitment of Migrant Workers*, Geneva: ILO.
——— (2005c), *Human Trafficking and Forced Labour Exploitation*, Geneva: ILO.
——— (2005d), *The Mekong Challenge Destination Thailand: A Cross-Border Labour Migration Survey in Banteay Meanchey Province*, Cambodia, Bangkok: ILO.
——— (2014), *Forced labour, human trafficking and slavery, Fact figures*, Geneva: ILO
——— (2016), *Cambodian Garment and Footwear Sector Bulletin*, Issue 4, August 2016, Phnom Penh, ILO National Coordinator for Cambodia.
ILO-IPEC (2001), *Labour Migration and Trafficking within the Greater Mekong Sub-region*, Bangkok: ILO.
——— (2004a), *Moving Forward: Secondary Date Review of Sending and Receiving*

Areas and Employment Sectors in Prevention of Trafficking Children and Women in Cambodia, Phnom Penh: ILO.

―――― (2004b), *Child Domestic Worker Survey PhnomPenh-2003*, National Institute of Statistics, Ministry of Planning, Phnom Penh: ILO-IPEC.

International Monetary Fund (IMF) (2004), *Cambodia: Statistical Appendix*, IMF Country Report No. 04/330, October, Washington D.C. :IMF.

International Organization for Migration (IOM) (2000), *Combating Trafficking in South-East Asia: A Review of Policy and Programme Responses*, Bangkok: ILO.

Iwaniec, D. (1995), *The Emotionally Abused and Neglected Child: Identification, Assessment and Intervention*. John Wiley & Sons, Ltd. (桐野由美子監修、麻生九美訳『情緒的虐待／ネグレクトを受けた子ども――発見・アセスメント・介入』明石書店、2003年)

Kantola, Johanna (2006), *Feminists Theorize the State*, New York: Palagtave Macmillan.

Ledgerwood. J. (1994), *"Gender Symbolism and Culture Change: Viewing the Virtuous Woman in the Khmer Story 'Mea Yoeng'" In Cambodian Culture Since 1975: Homeland and Exile*, (ed.) Ebihara. M., Mortland. C.A. and Ledgerwood.J., Ithaca. NY: Cornell University Press, pp.119-128.

Legal Support for Children and Women (LSCW) (2005a), *Gender Analysis of the Patterns of Human Trafficking into and through Koh Kong Province*, Phnom Penh: LSCW.

―――― (2005b), *Needs Assessment and Analysis of the Situation of Cambodian Migration Workers in Klong Yai District Trad, Thailand*. Phnom Penh: LSCW.

Lerner, Gerda (1986), *The Creation of Patriarchy*, NY: Oxford University Press.

Ly, Vichuta (ed.) (2003), *Gender, Human Trafficking, And The Criminal Justice System*, Phnom Penh: Asia Regional Cooperation to Prevent People Trafficking (ARCPPT) and AusAID.

Ly, Vichuta, Menh, Navy (2003), *Gender, Human Trafficking, And The Criminal Justice System*, Phnom Penh: ACIL.

MacKinnon, Catharine A. (1989), *Toward a feminist theory of the state*, Cambridge, Mass.: Harvard University Press.

Melanie, Walsh (2007), *Report on The Status of Cambodian Women: Domestic Violence, Sexual Assaults and Trafficking for Sexual Exploitation*, Universite du Quebec a Montreal, Institut d'Etudes Internationalse de Montreal, Mars 2007.

Ministry of Economy and Finance (2000), *Macro-Economic Management 1994-2002*, Phnom Penh: Ministry of Economy and Finance.

Ministry of Education, Youth and Sport (2000), *Education in Cambodia 2000*, Phnom Penh: Ministry of Education, Youth and Sport.

―――― (2016), *Education Statistics & Indicators 2015-2016*, Department of Education Management Information System (DoEMIS), Phnom Penh, April 2016.

Ministry of Planning (1998), *A Poverty Profile of Cambodia-1997*, Phnom Penh: Royal Government of Cambodia.
―――― (1999a), *Cambodia Poverty Assessment*, Phnom Penh: Royal Government of Cambodia.
―――― (1999b), *Human Development Report 1999: Village Economy and Development*, Phnom Penh: Ministry of Planning, p.29.
―――― (2004), *Report of Provincial in April 2004*, Phnom Penh: Ministry of Planning.
―――― (2006), *National Strategic Development Plan*, Phnom Penh: Royal Government of Cambodia.
―――― (2009), *General Population Census of Cambodia 2008*, National Institute of Statistics, Ministry of Planning, August, 2009.
―――― (2013), National Institute of Statistics, Phnom Penh: Ministry of Planning.
Ministry of Tourism (2008), *Tourism Statistical Report July 2008*, Phnom Penh: Statistics and Tourism Information Department.
Ministry of Women's Affairs (MOWA) (2005), *Violence against Women: a Baseline Survey*, Phnom Penh: MOWA.
Murshid and Tuot Solphally (2005), *Cambodia's Cross Border Economy: An Exploratory Study-Working Paper 32*, April 2005, Phnom Penh: Cambodia Development Resource Institute.
Mysliwiec, E. (1988), *Punishing the Poor: the International Isolation of Kampuchea*, Oxfam: UK. (栗野鳳監訳『NGOが見たカンプチア――国際的弱い者いじめ』JVC、1988年)
National Institute of Statistics (NIS) (1998), *Population Census of Cambodia*, Phnom Penh: National Institute of Statistics.
―――― (2000), *General Population Census of Cambodia 1998 Village Gazetteer*, Phnom Penh: National Institute of Statistics.
―――― (2004), *Cambodia Socio-Economic Survey*, Phnom Penh: National Institute of Statistics.
―――― (2009) *General Population Census of Cambodia 2008 National Report on Final Census Results*, Phnom Penh: National Institute of Statistics.
―――― (2013), *Economic Census of Cambodia 2011*, Phnom Penh: Ministry of Planning and National Institute of Statistics.
―――― (2014), *Cambodia Socio-Economic Survey* (*CSES*), Phnom Penh: National Institute of Statistics.
National Institute of Statistics (NIS) and Ministry of Planning (MOP) (2005a), National Accounts of Cambodia 1993-2005, Phnom Penh: National Institute of Statistics.
Nussbaum, Martha C. (2000), *Women and Human Development: The Capabilities Approach*, Cambridge: Cambridge University Press.
Nussbaum, M.C. and Sen, A. (ed.) (1992), *The Quality of Life*. Oxford: Clarendon Press.

Preece, Shelly and LSCW Researchers (2005), *Gender Analysis of the Pattern of Human Trafficking into and through Koh Kong Province*, Phnom Penh: LSCW.

Roberts, David W. (2001), *Political Transition in Cambodia 1991-99-Power: Elitism and Democracy*, UK: CURZON.

Sen, Amartya K. (1973), *On Economic Inequality*, Oxford: Oxford University Press. (鈴村興太郎・須賀晃一訳『不平等の経済学』東洋経済新報社、2000年)

――― (1981), *Poverty and Famines*, Oxford: Clarendon Press. (黒崎卓・山崎幸治訳『貧困と飢餓』岩波書店、2000年)

――― (1984), *Resources Values and Development*, Cambridge: Cambridge University Press.

――― (1985), *Commodities and Capabilities*, Amsterdam: North-Holland. (鈴木興太郎訳『福祉の経済学――財と潜在能力』岩波書店、1988年)

――― (1987b), *The Standard of Living*, Cambridge: Cambridge University Press.

――― (1992), *Inequality Reexamined*, Oxford: Oxford University Press. (池本幸生・野上裕生・佐藤仁訳『不平等の再検討――潜在能力と自由』岩波書店、1999年)

――― (1999), *Development as Freedom*, New York: A. Knopf, Oxford University Press. (石塚雅彦訳『自由と経済開発』日本経済新聞社、2000年)

――― (2002), *Rationality and Freedom*, Cambridge, mass: Belknap Press of Harvard University Press.

Siobhan, G., Pon, D. and Sok, K. (1999), *Gender and Development in Cambodia: An Overview*, Phnom Penh: Cambodia Development Resource Institute.

The Asia Foundation (2006), *Review of a Decade of Research on Trafficking in Persons, Cambodia*, Phnom Penh: The Asia Foundation.

Truong, Thanh-Dam (1990), *Sex, Money and Morality: Prostitution and Tourism in Southeast Asia*, London; Atlantic Highlands, N.J.: Zed Books.

UNIFEM, the World Bank, ADB, UNDP, and DFID/UK in cooperation with the Ministry of Women's and Veterans' Affairs (2004), *A Fair Share for Women: Cambodia Gender Assessment*, Phnom Penh: MoWVA.

United Nations Children's Fund (UNICEF)(2003), *A Preliminary Study into the Accessibility by Minors of Pornography in Cambodia*, Child welfare Group, Phnom Penh: UNICEF.

――― (2004), *The State of the World's Children 2005*, New York: UNICEF.

――― (2006a), *Reference Guide on Protecting the Rights of Child Victims of Trafficking in Europe*, Geneva: UNICEF.

――― (2006b), *The State of the World's Children 2007*, New York: UNICEF.

――― (2007) *The State of the World's Children 2008*, New York: UNICEF.

――― (2016) *The State of the World's Children 2017*, New York: UNICEF.

UNIFEM, the World Bank, ADB, UNDP, and DFID/UK in cooperation with the Ministry of Women's and Veterans' Affairs (2004), *A Fair Share for Women: Cambodia*

Gender Assessment, Phnom Penh: MoWVA.

United Nations Development Programme (UNDP) (2001), *Peace-building from the ground-up: A case study of UNDP's CARERE programme in Cambodia 1991-2000*, Geneva: UNDP.

United Nations Inter-Agency Project on Human Trafficking (UNIAP) (2008), Guide to Ethics and Human Rights in Counter-Trafficking: Ethical standards for Counter Trafficking Research and Programming, Bangkok: UNIAP.

United Nations Population Fund (UNFPA) (2006), *State of World Population 2006*, New York: UNFPA.

United Nations Office on Drugs and Crime (UNODC) (2006), *Trafficking in Persons: Global Patterns*, Vienna: UNODC.

─────── (2014), *Global Report on Trafficking in Persons 2014*, New York: United Nations.

United States Department of State (US DoS) (2003), *Trafficking in Persons Report*, Washington DC: Department of State.

US DoS (2006), *Trafficking in Persons Report*, Washington DC: Department of State.

─────── (2007), *Trafficking in Persons Report*, Washington DC: Department of State.

─────── (2016), *Trafficking in Persons Report*, Washington DC: Department of State.

United States Department of Justice (2006), *Report on Activities to Combat Human Trafficking; Fiscal Years 2001-2005*, Washington D.C.; Civil Rights Division, United States Department of Justice.

United States Embassy in Cambodia, Economic/Commercial Section (2006), *Economic Significance of the Garment Section in Cambodia*, January 27, 2006.

Vijghen, John L. and Sithon, Khun (2005), *Goods & Girls: Trade Across Borders–Border Research #3 poipet 2004*, ECR Report 58, 25 April 2005, ZOA, Refugee Care, Norwegian People's Aid, Cambodian Hope.

Wallerstein, Immanuel (1979a), *The Capitalist World Economy*, Cambridge University Press.（藤瀬浩司他訳『資本主義世界経済』1巻、名古屋大学出版会、1987年）

─────── (1983), *Historical Capitalism*, London: Verso.（川北稔訳『史的システムとしての資本主義』岩波書店、1985年）

─────── (1995), *Historical capitalism; with Capitalist civilization*, London: Verso.

─────── (1999), *The end of the world as we know it: social science for the twenty-first century*, Minneapolis: University of Minnesota Press.

Williams, Eric (1944), *Capitalism and Slavery*, Chapel Hill: The University of North Carolina Press.（山本伸監訳『資本主義と奴隷制』明石書店、2004年）

World Bank (2001), *World Development Report 2002: Building Institutions for Market*, New York: Oxford University Press.

─────── (2006), *Cambodia Halving Poverty by 2015? : Poverty Assessment 2006*, Washington D.C.: World Bank.

World Bank (2007), *Sharing Growth: Equity and Development in Cambodia, Equity Report 2007*, June 4, 2007, East Asia and the Pacific Region. Phnom Penh: World Bank.
World Bank (2009), *Poverty Profile and Trend in Cambodia*, Phnom Penh: World Bank
World Health Organization (WHO) (2003), *WHO Ethnical and Safety Recommendations for Interviewing Trafficked Women*, Geneva: WHO.
Yves, Henry (1932a), *Economie agricole de I Indochine*, Hanoi: Gouvernement General de l'Indochine.（東亜研究所訳　第4部『仏領印度支那の農業経済』上・中・下、東亜研究所、1941〜42年）
天川直子（1999）「カンボディア／土地所有の制度と構造——ポルポト後の再構築過程と現状」『アジア研ワールドトレンド』No.44、p.41。
天川直子編（2001）『カンボジアの復興・開発』アジア経済研究所。
──── （2003）『アセアン加盟下のカンボジア——社会経済の現状』アジア経済研究所。
上野千鶴子（1990）『家父長制と資本制』岩波書店。
国際協力銀行（JBIC）(2001)『貧困プロファイル 要約 カンボジア王国』国際協力銀行。
国際協力事業団（JICA）(2001)『カンボディア国別援助研究会報告書——復興から開発へ』国際協力総合研究所。
国連難民高等弁務官事務所編（UNCHR）(1994)『世界難民白書 1993 難民保護へのチャレンジ』読売新聞社。
──── （1997）『世界難民白書1997／1998』読売新聞社。
──── （2001）『世界難民白書2000 人道行動の50年史』時事通信社。
笹川秀夫（2006）『アンコールの近代——植民地カンボジアにおける文化と政治』中央公論新社。
瀬地山角（1996）『東アジアの家父長制——ジェンダーの比較社会学』勁草書房。
西川潤（2000）『人間のための経済学』岩波書店。
中西正司・上野千鶴子（2003）『当事者主権』岩波書店。
廣畑伸雄（2004）『カンボジア経済入門——市場経済化と貧困削減』日本評論社。
宮島綱男・土居博（1943）『佛領印度支那』東京修文館。
矢倉研二郎（2008）『カンボジア農村の貧困と格差拡大』昭和堂。
──── （2010）「第4章　カンボジア——タイ国境における経済開発の現状と課題」石田正美編『メコン地域国境経済をみる』アジア経済研究所、pp.147-180。
山田美和（2013）「タイにおける非熟練外国人労働者の受け入れ政策の現状と課題」『国際問題No.626』（2013年11月）pp.47-60
四本健二（1999）『カンボジア憲法論』勁草書房。
──── （2004）「カンボジアにおける社会問題と法——トラフィキング取締り法制の展開を中心に」天川直子編『カンボジア新時代』アジア経済研究所。
マリア・ミース、C.V.ヴェールホフ、V.B.トムゼン（1995）『世界システムと女性』古田睦美・善本裕子訳、藤原書店。

Agreements on a Comprehensive Political Settlement of The Cambodia Conflict, Part V, Art19-20

Convention on the Elimination of All Forms of Discrimination against Women, G.A. res. 34/180, 34 U.N. GAOR Supp. (No. 46) at 193, U.N. Doc. A/34/46, entered into force Sept. 3, 1981.

Coomaraswamy, Radhika and Office of the High Commissioner for Human Rights (2002), *Elimination of violence against women*, (Commission on Human Rights resolution 2002/52, E/2002/23- E/CN.4/2002/200, see chap. XII.), Office of the High Commissioner for Human Rights, United Nations.

General Assembly, *the Declaration on the Elimination of Violence against Women* (A/RES/48/104, of 19 December 1993).

International Monetary Fund, *Cambodia: Selected Issues and Statistical Appendix*: IMF Country Report 06/265. June 23, 2006, IMF.

Kingdom of Cambodia Nation Religion King, *Declaration on measures to be taken for the implementation of the National Five Year Plan Against Child Trafficking and Sexual Exploitation 2000-2004, Royal Government of Cambodia*, No.01S.Pr.K

Memorandum of Understanding on Cooperation against Trafficking in Persons in the Greater Mekong Sub-Region, United Nations inter-agency Project on Human Trafficking, (http://www.no-trafficking.org/reports_docs/commit/commit_eng_mou.pdf, Accessed 8 October 2014.)

Optional Protocol to the Convention on the Rights of the Child on the sale of children, child prostitution and child pornography, Adopted and opened for signature, ratification and accession by General Assembly resolution, A/RES/54/263 of 25 May 2000.

Protocol to Prevent, Suppress and Punish Trafficking in Persons Especially Women and Children, supplementing the United Nations Convention against Transnational Organized Crime. Adopted and opened for signature, ratification and accession by General Assembly resolution 55/25 of 15 November 2000.

Appendix

PROTOCOL TO PREVENT, SUPPRESS AND PUNISH TRAFFICKING IN PERSONS, ESPECIALLY WOMEN AND CHILDREN, SUPPLEMENTING THE UNITED NATIONS CONVENTION AGAINST TRANSNATIONAL ORGANIZED CRIME

Preamble

The States Parties to this Protocol,

Declaring that effective action to prevent and combat trafficking in persons, especially women and children, requires a comprehensive international approach in the countries of origin, transit and destination that includes measures to prevent such trafficking, to punish the traffickers and to protect the victims of such trafficking, including by protecting their internationally recognized human rights,

Taking into account the fact that, despite the existence of a variety of international instruments containing rules and practical measures to combat the exploitation of persons, especially women and children, there is no universal instrument that addresses all aspects of trafficking in persons,

Concerned that, in the absence of such an instrument, persons who are vulnerable to trafficking will not be sufficiently protected,

Recalling General Assembly resolution 53/111 of 9 December 1998, in which the Assembly decided to establish an open-ended intergovernmental ad hoc committee for the purpose of elaborating a comprehensive international convention against transnational organized crime and of discussing the elaboration of, inter alia, an international instrument addressing trafficking in women and children,

Convinced that supplementing the United Nations Convention against Transnational Organized Crime with an international instrument for the prevention, suppression and punishment of trafficking in persons, especially women and children, will be useful in preventing and combating that crime.

Have agreed as follows:

巻末資料

国際的な組織犯罪の防止に関する国際連合条約を補足する
人（特に女性及び児童）の取引を防止し、抑止し及び処罰するための議定書

前文

この議定書の締約国は、

人（特に女性及び児童）の取引を防止し、及びこれと戦うための効果的な行動が、そのような取引を防止し、そのような取引を行う者を処罰し、及びそのような取引の被害者を保護するための措置（そのような被害者の国際的に認められた人権を保護することによるものを含む。）を含む包括的かつ国際的な取組を被害者が所在していた国、通過する国及び目的地である国において必要とすることを宣言し、

人、特に女性及び児童に対する搾取と戦うための規則及び実際的な措置を含む種々の国際文書が存在するにもかかわらず、人身取引のあらゆる側面を取り扱う普遍的な文書が存在しないという事実を考慮し、

そのような文書が存在しない場合には、人身取引の被害を受けやすい者が十分に保護されないことを憂慮し、

国際連合総会が、国際的な組織犯罪の防止に関する包括的な国際条約を作成すること並びに特に女性及び児童の取引を取り扱う国際文書の作成について討議することを目的とする政府間特別委員会（すべての国が参加することができるもの）を設置することを決定した千九百九十八年十二月九日の国際連合総会決議第百十一号（第五十三回会期）を想起し、

人（特に女性及び児童）の取引を防止し、抑止し、及び処罰するための国際文書により国際的な組織犯罪の防止に関する国際連合条約を補足することは、そのような犯罪を防止し、及びこれと戦うために有益であると確信して、

次のとおり協定した。

I. General provisions

Article 1

Relation with the United Nations Convention against Transnational Organized Crime

1. This Protocol supplements the United Nations Convention against Transnational Organized Crime. It shall be interpreted together with the Convention.

2. The provisions of the Convention shall apply, mutatis mutandis, to this Protocol unless otherwise provided herein.

3. The offences established in accordance with article 5 of this Protocol shall be regarded as offences established in accordance with the Convention.

Article 2

Statement of purpose

The purposes of this Protocol are:

(a) To prevent and combat trafficking in persons, paying particular attention to women and children;

(b) To protect and assist the victims of such trafficking, with full respect for their human rights; and

(c) To promote cooperation among States Parties in order to meet those objectives.

Article 3

Use of terms

For the purposes of this Protocol:

(a) "Trafficking in persons" shall mean the recruitment, transportation, transfer, harbouring or receipt of persons, by means of the threat or use of force or other forms of coercion, of abduction, of fraud, of deception, of the abuse of power or of a position of vulnerability or of the giving or receiving of payments or benefits to achieve the consent of a person having control over another person, for the purpose of exploitation. Exploitation shall include, at a minimum, the exploitation of the prostitution of others or other forms of sexual exploitation, forced labour or services, slavery or practices similar to slavery, servitude or the removal of organs;

(b) The consent of a victim of trafficking in persons to the intended exploitation set forth in subparagraph (a) of this article shall be irrelevant where any of the means set forth in subparagraph (a) have been used;

(c) The recruitment, transportation, transfer, harbouring or receipt of a child for the pur-

Ⅰ　一般規定

第一条　国際的な組織犯罪の防止に関する国際連合条約との関係

1　この議定書は、国際的な組織犯罪の防止に関する国際連合条約を補足するものであり、同条約とともに解釈される。
2　同条約の規定は、この議定書に別段の定めがある場合を除くほか、この議定書について準用する。
3　第五条の規定に従って定められる犯罪は、同条約に従って定められる犯罪とみなす。

第二条　目的

この議定書は、次のことを目的とする。
(a)　女性及び児童に特別の考慮を払いつつ、人身取引を防止し、及びこれと戦うこと。
(b)　人身取引の被害者の人権を十分に尊重しつつ、これらの者を保護し、及び援助すること。
(c)　(a)及び(b)に規定する目的を実現するため、締約国間の協力を促進すること。

第三条　用語

この議定書の適用上、
(a)　「人身取引」とは、搾取の目的で、暴力その他の形態の強制力による脅迫若しくはその行使、誘拐、詐欺、欺もう、権力の濫用若しくはぜい弱な立場に乗ずること又は他の者を支配下に置く者の同意を得る目的で行われる金銭若しくは利益の授受の手段を用いて、人を獲得し、輸送し、引き渡し、蔵匿し、又は収受することをいう。搾取には、少なくとも、他の者を売春させて搾取することその他の形態の性的搾取、強制的な労働若しくは役務の提供、奴隷化若しくはこれに類する行為、隷属又は臓器の摘出を含める。
(b)　(a)に規定する手段が用いられた場合には、人身取引の被害者が(a)に規定する搾取について同意しているか否かを問わない。
(c)　搾取の目的で児童を獲得し、輸送し、引き渡し、蔵匿し、又は収受することは、(a)に規定するいずれの手段が用いられない場合であっても、人身取引とみ

pose of exploitation shall be considered "trafficking in persons" even if this does not involve any of the means set forth in subparagraph (a) of this article;

(d) "Child" shall mean any person under eighteen years of age.

Article 4
Scope of application

This Protocol shall apply, except as otherwise stated herein, to the prevention, investigation and prosecution of the offences established in accordance with article 5 of this Protocol, where those offences are transnational in nature and involve an organized criminal group, as well as to the protection of victims of such offences.

Article 5
Criminalization

1. Each State Party shall adopt such legislative and other measures as may be necessary to establish as criminal offences the conduct set forth in article 3 of this Protocol, when committed intentionally.

2. Each State Party shall also adopt such legislative and other measures as may be necessary to establish as criminal offences:

(a) Subject to the basic concepts of its legal system, attempting to commit an offence established in accordance with paragraph 1 of this article;

(b) Participating as an accomplice in an offence established in accordance with paragraph 1 of this article; and

(c) Organizing or directing other persons to commit an offence established in accordance with paragraph 1 of this article.

II. Protection of victims of trafficking in persons

Article 6
Assistance to and protection of victims of trafficking in persons

1. In appropriate cases and to the extent possible under its domestic law, each State Party shall protect the privacy and identity of victims of trafficking in persons, including, inter alia, by making legal proceedings relating to such trafficking confidential.

2. Each State Party shall ensure that its domestic legal or administrative system contains measures that provide to victims of trafficking in persons, in appropriate cases:

(a) Information on relevant court and administrative proceedings;

(b) Assistance to enable their views and concerns to be presented and considered at ap-

なされる。
(d) 「児童」とは、十八歳未満のすべての者をいう。

第四条　適用範囲

この議定書は、別段の定めがある場合を除くほか、次条の規定に従って定められる犯罪であって、性質上国際的なものであり、かつ、組織的な犯罪集団が関与するものの防止、捜査及び訴追並びに当該犯罪の被害者の保護について適用する。

第五条　犯罪化

1　締約国は、故意に行われた第三条に規定する行為を犯罪とするため、必要な立法その他の措置をとる。
2　締約国は、更に、次の行為を犯罪とするため、必要な立法その他の措置をとる。
　(a) 自国の法制の基本的な概念に従うことを条件として、1の規定に従って定められる犯罪の未遂
　(b) 1の規定に従って定められる犯罪に加担する行為
　(c) 1の規定に従って定められる犯罪を行わせるために他の者を組織し、又は他の者に指示する行為

Ⅱ　人身取引の被害者の保護

第六条　人身取引の被害者に対する援助及び保護の提供

1　締約国は、適当な場合には、自国の国内法において可能な範囲内で、人身取引の被害者の私生活及び身元関係事項を保護する。この保護には、特に、そのような取引に関連する法的手続を秘密のものとすることを含む。
2　締約国は、適当な場合には、人身取引の被害者に対して次のものを提供する措置を自国の法律上又は行政上の制度に含めることを確保する。
　(a) 関連する訴訟上及び行政上の手続に関する情報
　(b) 防御の権利を害しない方法で被害者の意見及び懸念が犯人に対する刑事手続の適当な段階において表明され、及び考慮されることを可能にするための援助
3　締約国は、適当な場合には、非政府機関その他の関連機関及び市民社会の他の集団と協力して、人身取引の被害者の身体的、心理的及び社会的な回復のために、特に、次のものの提供を含む措置をとることを考慮する。

propriate stages of criminal proceedings against offenders, in a manner not prejudicial to the rights of the defence.

3. Each State Party shall consider implementing measures to provide for the physical, psychological and social recovery of victims of trafficking in persons, including, in appropriate cases, in cooperation with non-governmental organizations, other relevant organizations and other elements of civil society, and, in particular, the provision of:

(a) Appropriate housing;

(b) Counselling and information, in particular as regards their legal rights, in a language that the victims of trafficking in persons can understand;

(c) Medical, psychological and material assistance; and

(d) Employment, educational and training opportunities.

4. Each State Party shall take into account, in applying the provisions of this article, the age, gender and special needs of victims of trafficking in persons, in particular the special needs of children, including appropriate housing, education and care.

5. Each State Party shall endeavour to provide for the physical safety of victims of trafficking in persons while they are within its territory.

6. Each State Party shall ensure that its domestic legal system contains measures that offer victims of trafficking in persons the possibility of obtaining compensation for damage suffered.

Article 7

Status of victims of trafficking in persons in receiving States

1. In addition to taking measures pursuant to article 6 of this Protocol, each State Party shall consider adopting legislative or other appropriate measures that permit victims of trafficking in persons to remain in its territory, temporarily or permanently, in appropriate cases.

2. In implementing the provision contained in paragraph 1 of this article, each State Party shall give appropriate consideration to humanitarian and compassionate factors.

Article 8

Repatriation of victims of trafficking in persons

1. The State Party of which a victim of trafficking in persons is a national or in which the person had the right of permanent residence at the time of entry into the territory of the receiving State Party shall facilitate and accept, with due regard for the safety of that person, the return of that person without undue or unreasonable delay.

(a) 適当な住居
(b) 人身取引の被害者が理解することのできる言語によるカウンセリング及び情報（特にその者の法的な権利に関するもの）
(c) 医学的、心理的及び物的援助
(d) 雇用、教育及び訓練の機会
4 締約国は、この条の規定を適用するに当たり、人身取引の被害者の年齢、性別及び特別の必要性（適当な住居、教育及び保護を含む。）、特に児童の特別の必要性を考慮する。
5 締約国は、人身取引の被害者が当該締約国の領域内にいる間、その身体の安全を確保するよう努める。
6 締約国は、人身取引の被害者に対し、その者が被った損害の賠償を受けることを可能とする措置を自国の国内法制に含めることを確保する。

第七条　受入国における人身取引の被害者の地位

1 締約国は、前条の規定に基づく措置をとることに加え、適当な場合には、人身取引の被害者が一時的又は恒久的に当該締約国の領域内に滞在することを認める立法その他の適当な措置をとることを考慮する。
2 締約国は、1に規定する措置を実施するに当たり、人道上の及び同情すべき要素に適当な考慮を払う。

第八条　人身取引の被害者の送還

1 締約国は、不当に遅滞することなく、人身取引の被害者であって、自国民であるもの又は受入締約国の領域に入った時点で自国に永住する権利を有していたものの送還を、その者の安全に妥当な考慮を払いつつ、容易にし、及び受け入れる。
2 締約国が人身取引の被害者を他の締約国に送還する場合であって、その者が当該他の締約国の国民であるとき、又はその者が受入締約国の領域に入った時点で当該他の締約国に永住する権利を有していたときは、その送還は、その者の安全及びその者が人身取引の被害者であるという事実に関連するあらゆる法的手続の状況に妥当な考慮を払いつつ行われるものとし、かつ、任意で行われることが望ましい。
3 受入締約国の要請がある場合には、要請を受けた締約国は、不当に遅滞することなく、人身取引の被害者が自国民であるか否か又は受入締約国の領域に入った

2. When a State Party returns a victim of trafficking in persons to a State Party of which that person is a national or in which he or she had, at the time of entry into the territory of the receiving State Party, the right of permanent residence, such return shall be with due regard for the safety of that person and for the status of any legal proceedings related to the fact that the person is a victim of trafficking and shall preferably be voluntary.

3. At the request of a receiving State Party, a requested State Party shall, without undue or unreasonable delay, verify whether a person who is a victim of trafficking in persons is its national or had the right of permanent residence in its territory at the time of entry into the territory of the receiving State Party.

4. In order to facilitate the return of a victim of trafficking in persons who is without proper documentation, the State Party of which that person is a national or in which he or she had the right of permanent residence at the time of entry into the territory of the receiving State Party shall agree to issue, at the request of the receiving State Party, such travel documents or other authorization as may be necessary to enable the person to travel to and re-enter its territory.

5. This article shall be without prejudice to any right afforded to victims of trafficking in persons by any domestic law of the receiving State Party.

6. This article shall be without prejudice to any applicable bilateral or multilateral agreement or arrangement that governs, in whole or in part, the return of victims of trafficking in persons.

III. Prevention, cooperation and other measures

Article 9

Prevention of trafficking in persons

1. States Parties shall establish comprehensive policies, programmes and other measures:

(a) To prevent and combat trafficking in persons; and

(b) To protect victims of trafficking in persons, especially women and children, from revictimization.

2. States Parties shall endeavour to undertake measures such as research, information and mass media campaigns and social and economic initiatives to prevent and combat trafficking in persons.

3. Policies, programmes and other measures established in accordance with this article shall, as appropriate, include cooperation with non-governmental organizations, other rele-

時点で自国に永住する権利を有していたか否かを確認する。
4 締約国は、人身取引の被害者が自国民である場合又はその者が受入締約国の領域に入った時点で自国に永住する権利を有していた場合であって、受入締約国の要請があるときは、その者が適正な文書を所持していなくてもその送還を容易にするため、その者が自国の領域に渡航し、及び再入国することができるようにするために必要な旅行証明書又はその他の許可書をその者に対し発給することに同意する。
5 この条の規定は、受入締約国の国内法により人身取引の被害者に与えられるいかなる権利も害するものではない。
6 この条の規定は、人身取引の被害者の送還を全面的又は部分的に定める適用可能な二国間又は多数国間のいかなる協定又は取極の適用も妨げるものではない。

III 防止、協力その他の措置

第九条 人身取引の防止

1 締約国は、次の事項についての包括的な政策、計画その他の措置を定める。
 (a) 人身取引を防止し、及びこれと戦うこと。
 (b) 人身取引の被害者、特に女性及び児童が再び被害を受けることのないようにすること。
2 締約国は、人身取引を防止し、及びこれと戦うため、調査、情報提供活動、マスメディアを通じての活動、社会上及び経済上の自発的活動等の措置をとるよう努める。
3 この条の規定に従って定める政策、計画その他の措置には、適当な場合には、非政府機関その他の関連機関及び市民社会の他の集団との協力を含む。
4 締約国は、人、特に女性及び児童が人身取引の被害を受けやすい要因（貧困、不十分な開発及び平等な機会の欠如を含む。）を軽減する措置（二国間又は多数国間の協力によるものを含む。）をとり、又は強化する。
5 締約国は、人、特に女性及び児童に対するあらゆる形態の搾取であって人身取引の原因となるものを助長する需要を抑制するため、教育上、社会上又は文化上の立法その他の措置（二国間及び多数国間の協力によるものを含む。）をとり、又は強化する。

vant organizations and other elements of civil society.

4. States Parties shall take or strengthen measures, including through bilateral or multilateral cooperation, to alleviate the factors that make persons, especially women and children, vulnerable to trafficking, such as poverty, underdevelopment and lack of equal opportunity.

5. States Parties shall adopt or strengthen legislative or other measures, such as educational, social or cultural measures, including through bilateral and multilateral cooperation, to discourage the demand that fosters all forms of exploitation of persons, especially women and children, that leads to trafficking.

Article 10

Information exchange and training

1. Law enforcement, immigration or other relevant authorities of States Parties shall, as appropriate, cooperate with one another by exchanging information, in accordance with their domestic law, to enable them to determine:

(a) Whether individuals crossing or attempting to cross an international border with travel documents belonging to other persons or without travel documents are perpetrators or victims of trafficking in persons;

(b) The types of travel document that individuals have used or attempted to use to cross an international border for the purpose of trafficking in persons; and

(c) The means and methods used by organized criminal groups for the purpose of trafficking in persons, including the recruitment and transportation of victims, routes and links between and among individuals and groups engaged in such trafficking, and possible measures for detecting them.

2. States Parties shall provide or strengthen training for law enforcement, immigration and other relevant officials in the prevention of trafficking in persons. The training should focus on methods used in preventing such trafficking, prosecuting the traffickers and protecting the rights of the victims, including protecting the victims from the traffickers. The training should also take into account the need to consider human rights and child- and gender-sensitive issues and it should encourage cooperation with non-governmental organizations, other relevant organizations and other elements of civil society.

3. A State Party that receives information shall comply with any request by the State Party that transmitted the information that places restrictions on its use.

第十条　情報交換及び訓練

1 締約国の法執行当局、出入国管理当局その他の関係当局は、適当な場合には、次の事項を判断することを可能とするため、自国の国内法に従って情報を交換することにより相互に協力する。
   (a) 他人の旅行証明書を所持し、又は旅行証明書を所持することなく国境を越え、又は越えようとする者が人身取引の加害者又は被害者であるか否か。
   (b) ある者が人身取引の目的で国境を越えるために使用し、又は使用しようとした旅行証明書の種類
   (c) 人身取引の目的で組織的な犯罪集団が用いた手段及び方法（被害者の獲得及び輸送、経路並びに人身取引を行う個人及び集団の相互の関係を含む。）並びにこれらを探知するための可能な措置
2 締約国は、人身取引の防止に当たる法執行の職員、出入国管理の職員その他の関係職員を訓練し、又はその訓練を強化する。その訓練においては、人身取引の防止、人身取引を行う者の訴追及び被害者の権利の保護（人身取引を行う者からの保護を含む。）に用いられる方法に焦点を合わせるべきである。また、その訓練においては、人権並びに児童及び性に関する機微な問題に配慮する必要性を考慮すべきであり、非政府機関その他の関連機関及び市民社会の他の集団と協力することを奨励すべきである。
3 情報を受領した締約国は、その情報を提供した締約国がその情報の使用について課した制限に係るいかなる要請にも従う。

第十一条　国境措置

1 締約国は、人の移動の自由に関する国際的な約束の適用を妨げることなく、可能な範囲内で、人身取引を防止し、及び探知するために必要な国境管理を強化する。
2 締約国は、商業運送業者によって用いられる輸送手段が第五条の規定に従って定められる犯罪の実行に利用されることを可能な範囲内で防止するため、立法その他の適当な措置をとる。
3 2の措置には、適当な場合には、適用可能な国際条約の適用を妨げることなく、商業運送業者（あらゆる運輸業者又は輸送手段の所有者若しくは運航者を含む。）がすべての乗客が受入国への入国に必要な旅行証明書を所持していることを確認

Article 11

Border measures

1. Without prejudice to international commitments in relation to the free movement of people, States Parties shall strengthen, to the extent possible, such border controls as may be necessary to prevent and detect trafficking in persons.

2. Each State Party shall adopt legislative or other appropriate measures to prevent, to the extent possible, means of transport operated by commercial carriers from being used in the commission of offences established in accordance with article 5 of this Protocol.

3. Where appropriate, and without prejudice to applicable international conventions, such measures shall include establishing the obligation of commercial carriers, including any transportation company or the owner or operator of any means of transport, to ascertain that all passengers are in possession of the travel documents required for entry into the receiving State.

4. Each State Party shall take the necessary measures, in accordance with its domestic law, to provide for sanctions in cases of violation of the obligation set forth in paragraph 3 of this article.

5. Each State Party shall consider taking measures that permit, in accordance with its domestic law, the denial of entry or revocation of visas of persons implicated in the commission of offences established in accordance with this Protocol.

6. Without prejudice to article 27 of the Convention, States Parties shall consider strengthening cooperation among border control agencies by, inter alia, establishing and maintaining direct channels of communication.

Article 12

Security and control of documents

Each State Party shall take such measures as may be necessary, within available means:

(a) To ensure that travel or identity documents issued by it are of such quality that they cannot easily be misused and cannot readily be falsified or unlawfully altered, replicated or issued; and

(b) To ensure the integrity and security of travel or identity documents issued by or on behalf of the State Party and to prevent their unlawful creation, issuance and use.

Article 13

Legitimacy and validity of documents

する義務を定めることを含む。
4 締約国は、自国の国内法に従い、3に規定する義務についての違反があった場合の制裁を定めるために必要な措置をとる。
5 締約国は、自国の国内法に従い、この議定書に従って定められる犯罪の実行に関係した者の入国を拒否し、又は査証を取り消すことを可能とする措置をとることを考慮する。
6 締約国は、国際的な組織犯罪の防止に関する国際連合条約第二十七条の規定の適用を妨げることなく、特に、直接の連絡の経路を設け、及び維持することにより、国境管理機関の間の協力を強化することを考慮する。

第十二条　文書の安全及び管理

締約国は、利用可能な手段の範囲内で、次の目的のために必要な措置をとる。
(a) 自国が発給する旅行証明書又は身分証明書が容易に悪用されず、かつ、容易に偽造されない品質又は不法に変造されず、模造されず若しくは発給されない品質であることを確保すること。
(b) 締約国により又は締約国に代わって発給される旅行証明書又は身分証明書の完全性及び安全を確保し、並びにこれらの証明書の不法な作成、発給及び使用を防止すること。

第十三条　文書の正当性及び有効性

締約国は、他の締約国から要請があった場合には、自国の国内法に従い、合理的な期間内に、自国の名において発給され、又は発給されたとされる旅行証明書又は身分証明書であって人身取引において使用されている疑いがあるものについて、その正当性及び有効性を確認する。

Ⅳ　最終規定

第十四条　保留条項

1 この議定書のいかなる規定も、国際法（国際人道法並びに国際人権法、特に適用可能な場合には、千九百五十一年の難民の地位に関する条約及び千九百六十七年の難民の地位に関する議定書並びにこれらに含まれるノン・ルフルマン原則を含む。）の下における国家及び個人の権利、義務及び責任に影響を及ぼすもので

At the request of another State Party, a State Party shall, in accordance with its domestic law, verify within a reasonable time the legitimacy and validity of travel or identity documents issued or purported to have been issued in its name and suspected of being used for trafficking in persons.

IV. Final provisions

Article 14

Saving clause

1. Nothing in this Protocol shall affect the rights, obligations and responsibilities of States and individuals under international law, including international humanitarian law and international human rights law and, in particular, where applicable, the 1951 Convention and the 1967 Protocol relating to the Status of Refugees and the principle of non-refoulement as contained therein.

2. The measures set forth in this Protocol shall be interpreted and applied in a way that is not discriminatory to persons on the ground that they are victims of trafficking in persons. The interpretation and application of those measures shall be consistent with internationally recognized principles of non-discrimination.

Article 15

Settlement of disputes

1. States Parties shall endeavour to settle disputes concerning the interpretation or application of this Protocol through negotiation.

2. Any dispute between two or more States Parties concerning the interpretation or application of this Protocol that cannot be settled through negotiation within a reasonable time shall, at the request of one of those States Parties, be submitted to arbitration. If, six months after the date of the request for arbitration, those States Parties are unable to agree on the organization of the arbitration, any one of those States Parties may refer the dispute to the International Court of Justice by request in accordance with the Statute of the Court.

3. Each State Party may, at the time of signature, ratification, acceptance or approval of or accession to this Protocol, declare that it does not consider itself bound by paragraph 2 of this article. The other States Parties shall not be bound by paragraph 2 of this article with respect to any State Party that has made such a reservation.

4. Any State Party that has made a reservation in accordance with paragraph 3 of this article may at any time withdraw that reservation by notification to the Secretary-General of

はない。
2 この議定書に規定する措置は、人身取引の被害者であることを理由にその者を差別的に取り扱うことがないように解釈され、かつ、適用される。これらの措置の解釈及び適用は、国際的に認められた無差別の原則に従う。

第十五条　紛争の解決

1 締約国は、この議定書の解釈又は適用に関する紛争を交渉によって解決するよう努める。
2 この議定書の解釈又は適用に関する締約国間の紛争で交渉によって合理的な期間内に解決することができないものは、いずれかの紛争当事国の要請により、仲裁に付される。仲裁の要請の日の後六箇月で仲裁の組織について紛争当事国が合意に達しない場合には、いずれの紛争当事国も、国際司法裁判所規程に従って国際司法裁判所に紛争を付託することができる。
3 締約国は、この議定書の署名、批准、受諾若しくは承認又はこの議定書への加入の際に、2の規定に拘束されない旨を宣言することができる。他の締約国は、そのような留保を付した締約国との関係において2の規定に拘束されない。
4 3の規定に基づいて留保を付した締約国は、国際連合事務総長に対する通告により、いつでもその留保を撤回することができる。

第十六条　署名、批准、受諾、承認及び加入

1 この議定書は、二千年十二月十二日から十五日まではイタリアのパレルモにおいて、その後は、二千二年十二月十二日までニューヨークにある国際連合本部において、すべての国による署名のために開放しておく。
2 この議定書は、また、地域的な経済統合のための機関の構成国のうち少なくとも一の国が1の規定に従ってこの議定書に署名していることを条件として、当該機関による署名のために開放しておく。
3 この議定書は、批准され、受諾され、又は承認されなければならない。批准書、受諾書又は承認書は、国際連合事務総長に寄託する。地域的な経済統合のための機関は、その構成国のうち少なくとも一の国が批准書、受諾書又は承認書を寄託している場合には、当該機関の批准書、受諾書又は承認書を寄託することができる。当該機関は、当該批准書、受諾書又は承認書において、この議定書の規律する事項に関する自己の権限の範囲を宣言する。また、当該機関は、自己の権限の

the United Nations.

Article 16

Signature, ratification, acceptance, approval and accession

1. This Protocol shall be open to all States for signature from 12 to 15 December 2000 in Palermo, Italy, and thereafter at United Nations Headquarters in New York until 12 December 2002.

2. This Protocol shall also be open for signature by regional economic integration organizations provided that at least one member State of such organization has signed this Protocol in accordance with paragraph 1 of this article.

3. This Protocol is subject to ratification, acceptance or approval. Instruments of ratification, acceptance or approval shall be deposited with the Secretary-General of the United Nations. A regional economic integration organization may deposit its instrument of ratification, acceptance or approval if at least one of its member States has done likewise. In that instrument of ratification, acceptance or approval, such organization shall declare the extent of its competence with respect to the matters governed by this Protocol. Such organization shall also inform the depositary of any relevant modification in the extent of its competence.

4. This Protocol is open for accession by any State or any regional economic integration organization of which at least one member State is a Party to this Protocol. Instruments of accession shall be deposited with the Secretary-General of the United Nations. At the time of its accession, a regional economic integration organization shall declare the extent of its competence with respect to matters governed by this Protocol. Such organization shall also inform the depositary of any relevant modification in the extent of its competence.

Article 17

Entry into force

1. This Protocol shall enter into force on the ninetieth day after the date of deposit of the fortieth instrument of ratification, acceptance, approval or accession, except that it shall not enter into force before the entry into force of the Convention. For the purpose of this paragraph, any instrument deposited by a regional economic integration organization shall not be counted as additional to those deposited by member States of such organization.

2. For each State or regional economic integration organization ratifying, accepting, approving or acceding to this Protocol after the deposit of the fortieth instrument of such action, this Protocol shall enter into force on the thirtieth day after the date of deposit by such

範囲の変更で関連するものを寄託者に通報する。
4 この議定書は、すべての国又は地域的な経済統合のための機関であってその構成国のうち少なくとも一の国がこの議定書の締約国であるものによる加入のために開放しておく。加入書は、国際連合事務総長に寄託する。地域的な経済統合のための機関は、その加入の際に、この議定書の規律する事項に関する自己の権限の範囲を宣言する。また、当該機関は、自己の権限の範囲の変更で関連するものを寄託者に通報する。

第十七条　効力発生

1 この議定書は、四十番目の批准書、受諾書、承認書又は加入書が寄託された日の後九十日目の日に効力を生ずる。ただし、この議定書は、国際的な組織犯罪の防止に関する国際連合条約の効力発生前に効力を生ずることはない。この1の規定の適用上、地域的な経済統合のための機関によって寄託される文書は、当該機関の構成国によって寄託されたものに追加して数えてはならない。
2 四十番目の批准書、受諾書、承認書又は加入書が寄託された後にこの議定書を批准し、受諾し、承認し、又はこれに加入する国又は地域的な経済統合のための機関については、この議定書は、当該国又は地域的な経済統合のための機関によりこれらの文書が寄託された日の後三十日目の日又は1の規定によりこの議定書が効力を生ずる日のうちいずれか遅い日に効力を生ずる。

第十八条　改正

1 この議定書の締約国は、この議定書の効力発生から五年を経過した後は、改正を提案し、及び改正案を国際連合事務総長に提出することができる。同事務総長は、直ちに、締約国及び締約国会議に対し、改正案をその審議及び決定のために送付する。締約国会議において会合する議定書の締約国は、各改正案につき、コンセンサス方式により合意に達するようあらゆる努力を払う。コンセンサスのためのあらゆる努力にもかかわらず合意に達しない場合には、改正案は、その採択のため、最後の解決手段として、締約国会議の会合に出席し、かつ、投票するこの議定書の締約国の三分の二以上の多数による議決を必要とする。
2 地域的な経済統合のための機関は、その権限の範囲内の事項について、この議定書の締約国であるその構成国の数と同数の票を投票する権利を行使する。当該機関は、その構成国が自国の投票権を行使する場合には、投票権を行使してはな

State or organization of the relevant instrument or on the date this Protocol enters into force pursuant to paragraph 1 of this article, whichever is the later.

Article 18

Amendment

1. After the expiry of five years from the entry into force of this Protocol, a State Party to the Protocol may propose an amendment and file it with the Secretary-General of the United Nations, who shall thereupon communicate the proposed amendment to the States Parties and to the Conference of the Parties to the Convention for the purpose of considering and deciding on the proposal. The States Parties to this Protocol meeting at the Conference of the Parties shall make every effort to achieve consensus on each amendment. If ail efforts at consensus have been exhausted and no agreement has been reached, the amendment shall, as a last resort, require for its adoption a two-thirds majority vote of the States Parties to this Protocol present and voting at the meeting of the Conference of the Parties.

2. Regional economic integration organizations, in matters within their competence, shall exercise their right to vote under this article with a number of votes equal to the number of their member States that are Parties to this Protocol. Such organizations shall not exercise their right to vote if their member States exercise theirs and vice versa.

3. An amendment adopted in accordance with paragraph 1 of this article is subject to ratification, acceptance or approval by States Parties.

4. An amendment adopted in accordance with paragraph I of this article shall enter into force in respect of a State Party ninety days after the date of the deposit with the Secretary-General of the United Nations of an instrument of ratification, acceptance or approval of such amendment.

5. When an amendment enters into force, it shall be binding on those States Parties which have expressed their consent to be bound by it. Other States Parties shall still be bound by the provisions of this Protocol and any earlier amendments that they have ratified, accepted or approved.

Article 19

Denunciation

1. A State Party may denounce this Protocol by written notification to the Secretary-General of the United Nations. Such denunciation shall become effective one year after the date of receipt of the notification by the Secretary-General.

らない。その逆の場合も、同様とする。
3 1の規定に従って採択された改正は、締約国によって批准され、受諾され、又は承認されなければならない。
4 1の規定に従って採択された改正は、締約国が国際連合事務総長に当該改正の批准書、受諾書又は承認書を寄託した日の後九十日で当該締約国について効力を生ずる。
5 改正は、効力を生じたときは、その改正に拘束されることについての同意を表明した締約国を拘束する。他の締約国は、改正前のこの議定書の規定（批准し、受諾し、又は承認した従前の改正を含む。）により引き続き拘束される。

第十九条　廃棄

1 締約国は、国際連合事務総長に対して書面による通告を行うことにより、この議定書を廃棄することができる。廃棄は、同事務総長がその通告を受領した日の後一年で効力を生ずる。
2 地域的な経済統合のための機関は、当該機関のすべての構成国がこの議定書を廃棄した場合には、この議定書の締約国でなくなる。

第二十条　寄託者及び言語

1 国際連合事務総長は、この議定書の寄託者に指定される。
2 アラビア語、中国語、英語、フランス語、ロシア語及びスペイン語をひとしく正文とするこの議定書の原本は、国際連合事務総長に寄託する。

以上の証拠として、下名の全権委員は、各自の政府から正当に委任を受けてこの議定書に署名した。

（外務省）

2. A regional economic integration organization shall cease to be a Party to this Protocol when all of its member States have denounced it.

Article 20

Depositary and languages

1. The Secretary-General of the United Nations is designated depositary of this Protocol.

2. The original of this Protocol, of which the Arabic, Chinese, English, French, Russian and Spanish texts are equally authentic, shall be deposited with the Secretary-General of the United Nations.

IN WITNESS WHEREOF, the undersigned plenipotentiaries, being duly authorized thereto by their respective Governments, have signed this Protocol.

DOCUMENT INFORMATION

FILE NAME: Ch_XVIII_12_a

VOLUME: VOL-2

CHAPTER: Chapter XVIII.Penal Matters

TITLE: 12.a). Protocolto Prevent, Suppress and Punish Trafficking in Persons, Especially Women and Children, supplementing the United Nations Convention against Transnational Organized Crime. New York,15 November 2000

索　引

【あ行】

一極集中型　74
エンタイトルメント　21, 22
ODA大綱　110

【か行】

外国投資法　68
階層分化　22
開発協力大綱　110
格差是正　110
家父長的社会　23
カンプチア人民共和国　66, 67
カンボジア計画省国家統計局（NIS）　73
カンボジア社会経済調査（CSES）　71, 75, 78
カンボジア地雷対策センター（CMAC）　72
カンボジア紛争の包括的政治解決に関する協定（パリ和平協定）　17, 67, 109
カンボジア民族統一戦線　65
機会の剥奪　82, 89, 90
帰還民　44, 49, 51
既得権益集団　109
窮乏化　37
強制送還　104
強制送還者　104
強制労働　11-13, 15, 97, 102, 103

権威社会　23
経済的な窮乏　61
経済的貧困　18, 46, 82, 91, 99, 126
経済特別区（SEZ）　44, 46, 70, 84, 108
ケーパビリティ（capabilities）　22, 132
ケーパビリティ論　19, 21
権威主義　40, 123, 124
権力構造　56
公共性　123
構造的側面　18
構造的暴力　18-20, 31, 34, 35, 39, 40, 61, 132
構造的暴力論　19
国際労働機関（ILO）　11
国内総生産（GDP）　68, 69, 71, 74
国内避難民（IDPs）　42
国連開発計画（UNDP）　89
国連カンボジア暫定機構（UNTAC）　17, 67, 68
国連国境救援機関（UNBRO）　42
国連難民高等弁務官事務所（UNHCR）　42, 47
国連ミレニアム開発目標（MDGs）　77, 90
国連薬物犯罪事務所（UNODC）　11
国家統計局（NIS）　71
国家貧困削減戦略（NPRS）　86
国家復興計画（NPRD）　71
国境管理　105

【さ行】

最恵国待遇　69
最高国民評議会　17
搾取（exploitation）　11, 13, 14, 19
三派連合政権　66
ジェンダー・エンパワーメント指数　89
ジェンダー開発指標　89
ジェンダー教育　78
ジェンダー要因　99
ジニ係数　75
自発的移動　58
社会階層秩序　58
社会文化規範　79, 80
周縁　26
重層的諸要因　82, 99
従属関係　53, 99
周辺　53　→周縁
女性規範　61, 76, 91
女性に対する暴力　23
所得貧困（経済貧困）　21, 71, 89, 90
新ODA大綱　110
人権蹂躙　20, 109
人権剥奪　23, 31, 40
人身取引（human trafficking/trafficking in persons）　12, 13
人身取引対策のためのメコン地域閣僚イニシアティブ（COMMIT）　15, 16
人身売買および性的搾取取締法　18, 102
人身売買取締法　17
人民社会主義共同体　64
脆弱　39
脆弱化　26, 30
脆弱者　19, 39, 56, 62, 120, 124-129, 132
脆弱性　69
性的搾取　11, 13, 97
正の連鎖　122
セーフティーネット　37, 61
世界貿易機関（WTO）　68
絶対的貧困ライン　86
臓器売買　11, 15
相対的貧困　18, 82, 89, 90, 99, 126

【た行】

大メコン圏　62, 108
多国間合意書　16
多国籍企業　69
多次元貧困指数　90
男性規範　76
地域経済連携　108
中心と周辺構造　18
直接的暴力　19, 61
伝統的社会規範　35
東西冷戦期　64
東西冷戦構造　67
当事者　126, 127
東南アジア諸国連合（ASEAN）　67
特恵関税　69
トップダウン　111
ドメスティック・バイオレンス　85

【な行】

南部経済回廊　109
難民再定住計画　44
二国間合意書　16
日本・カンボジア経済技術協力協定　109
人間開発指標　89

人間の安全保障　109
人間貧困指標　89

【は行】
配偶者間暴力　47, 85, 92
剥奪（deprivation）　21, 30
母方居住　55
パリ和平協定　→カンボジア紛争の包括的政治解決に関する協定
パレルモ議定書　12
万人のための教育（EFA）　90
非自発的移動　58
非正規滞在者　104, 105
人の密輸　13, 102, 105, 107, 112
貧困削減　71, 72, 80
貧困削減戦略　71
貧困指標　71
貧困の悪循環　116
貧困の再生産　31, 39, 62
貧困の女性化（feminization of poverty）　22, 23
貧困の剥奪概念　19
貧困の連鎖　26, 29, 37, 40
貧困の罠　42
貧困ライン　71
貧困率　71, 72
ファンクショニングス　21, 22
負の連鎖　26, 31, 34, 42, 53, 75
文化的規範　40
分極化現象　109
暴力の連鎖　56, 82, 92
ポル・ポト政権　65-67

【ま行】
民主カンプチア政権（ポル・ポト政権）　65
民主カンプチア連合政府（三派連合政権）　66
メコン河流域諸国（大メコン圏、GMS）　15, 44, 108

【A-Z】
ASEAN　→東南アジア諸国連合
ASEAN諸国　69
COMMIT　→人身取引対策のためのメコン地域閣僚イニシアティブ
CSES　→カンボジア社会経済調査
GDP　→国内総生産
GMS　→メコン河流域諸国
IDPs　→国内避難民
ILO　→国際労働機関
NPRS　→国家貧困削減戦略
SEZ　→経済特別区
UNBRO　→国連国境救援機関
UNDP　→国連開発計画
UNHCR　→国連難民高等弁務官事務所
UNIAP　16, 134
UNODC　→国連薬物犯罪事務所
UNTAC　→国連カンボジア暫定機構
UNTAC刑事法　17
Well-being（生活の質）　21, 128

●著者紹介

島﨑　裕子（しまざき　ゆうこ）
早稲田大学社会科学総合学術院　准教授
早稲田大学大学院アジア太平洋研究科国際関係学専攻博士課程修了。博士（学術）。早稲田大学アジア太平洋研究センター助手、日本学術振興会特別研究員（PD）、早稲田大学平山郁夫記念ボランティアセンター助教を経て現職。同大学地域・地域間研究機構アジアヒューマンコミュニティ（AHC）研究員。専門：社会開発、平和学。
〔主な著書・論文〕「カンボジア都市部の立ち退き居住者にみる社会的排除―貧困創出のメカニズム」山田満編『東南アジアの紛争予防と「人間の安全保障」』明石書店、2016年、「人身取引被害者と日本社会―送り出し国と受け入れ国を結ぶもの」須藤八千代／宮本節子編著『婦人保護施設と売春・貧困・DV問題』明石書店、2013年等。

人身売買と貧困の女性化
―― カンボジアにおける構造的暴力

2018年9月15日　初版第1刷発行

著　者	島﨑裕子
発行者	大江道雅
発行所	株式会社 明石書店

〒101-0021 東京都千代田区外神田6-9-5
電　話　03 (5818) 1171
ＦＡＸ　03 (5818) 1174
振　替　00100-7-24505
http://www.akashi.co.jp

組版　朝日メディアインターナショナル
装丁　明石書店デザイン室
印刷／製本　日経印刷株式会社

ISBN978-4-7503-4691-5

JCOPY〈(社)出版者著作権管理機構　委託出版物〉
本書の無断複写は著作権法上での例外を除き禁じられています。複写される場合は、そのつど事前に、(社)出版者著作権管理機構（電話 03-3513-6969、FAX 03-3513-6979、e-mail: info@jcopy.or.jp）の許諾を得てください。

21世紀東南アジアの強権政治
「ストロングマン」時代の到来
外山文子、日下渉、伊賀司、見市建編著
◎2600円

蒼生のミャンマー
農村の暮らしからみた、変貌する国
髙橋昭雄著
◎2000円

ワセダアジアレビュー No.20
特集1：シンポジウム 中国の憲政への道
特集2：シンポジウム 和解学の創成
特集3：トランプ大統領と新米国関係
早稲田大学地域・地域間研究機構編
◎1600円

「社会的なもの」の人類学
フィリピンのグローバル化と開発にみるつながりの諸相
関恒樹著
◎5200円

ミャンマーの教育
学校制度と教育課程の現在過去未来
田中義隆著
明石ライブラリー 164
◎4500円

ヴェトナム戦争 ソンミ村虐殺の悲劇
4時間で消された村
M・ビルトン、K・シム著 藤本博、岩間龍男監訳
◎5800円

「アウンサンスーチー政権」のミャンマー
民主化の行方と新たな発展モデル
永井浩、田辺寿夫、根本敬編著
世界人権問題叢書 98
◎2400円

東南アジアの紛争予防と「人間の安全保障」
武力紛争、難民、災害、社会的排除への対応と解決に向けて
山田満編著
◎4000円

ミャンマーの歴史教育
軍政下の国定歴史教科書を読み解く
田中義隆著・編訳
◎4600円

ミャンマーの多角的分析
OECD第一次診断評価報告書
OECD開発センター編著 門田清訳
◎4500円

インドネシア 創られゆく華人文化
民主化以降の表象をめぐって
北村由美著
◎3800円

タイ上座仏教と社会的包摂
ソーシャル・キャピタルとしての宗教
櫻井義秀編著
◎5000円

モンスーンアジアのフードと風土
横山智、荒木一視、松本淳編著
◎4300円

ユニセフ・カンボジア事務所で働く
国連若手職員の3年間
勅使川原香世子著
◎2500円

現代の奴隷制
タイの売春宿へ人身売買されるビルマの女性たち
藤目ゆき監修 アジア・ウォッチ、女性の権利プロジェクト、ヒューマン・ライツ・ウォッチ編著 古沢加奈訳
◎3000円

〈価格は本体価格です〉

フードバンク
佐藤順子編著
世界と日本の困窮者支援と食品ロス対策
◎2500円

フェアトレードビジネスモデルの新たな展開
長坂寿久編著
SDGs時代に向けて
◎2500円

社会調査からみる途上国開発
稲田十一著
アジア6カ国の社会変容の実像
◎2500円

グローバル時代の「開発」を考える
西あい、湯本浩之編著
世界と関わり、共に生きるための7つのヒント
◎2300円

持続可能な未来のための知恵とわざ
名古屋大学環境学叢書5
林良嗣、中村秀規編
ローマクラブメンバーとノーベル賞受賞者の対話
◎2500円

激動するグローバル市民社会
重田康博著
「慈善」から「公正」への発展と展開
◎2400円

多国籍アグリビジネスと農業・食料支配
明石ライブラリー162
北原克宣、安藤光義編著
◎3000円

新版 グローバル・ガバナンス
笹岡雄一著
文化・国家政治・グローバリゼーション
◎3000円

グローバル・ベーシック・インカム入門
岡野内正著／クラウディア・ハーマン、ディルク・ハーマン、ヘルベルト・ヤウフ、ビルマ・シンドントラ、モデ・ニコリ・ラスほか著
世界を変える〈ひとだち〉と〈ささえあい〉の仕組み
◎2000円

開発なき成長の限界
アマルティア・セン、ジャン・ドレーズ著
湊一樹訳
現代インドの貧困・格差・社会的分断
◎4600円

開発社会学を学ぶための60冊
佐藤寛、浜本篤史、佐野麻由子、滝村卓司編著
援助と発展を根本から考えよう
◎2800円

国連開発計画（UNDP）の歴史
世界歴史叢書
クレイグ・N・マーフィー著
峯陽一、小山田英治監訳
国連は世界の不平等にどう立ち向かってきたか
◎8800円

グローバル社会と人権問題
李修京編
人権保障と共生社会の構築に向けて
◎2400円

女性差別はなぜ存続するのか
［オンデマンド版］
安川寿之輔著
差別論入門
◎2700円

兵士とセックス
メアリー・ルイーズ・ロバーツ著
佐藤文香監訳
西川美樹訳
第二次世界大戦下のフランスで米兵は何をしたのか？
◎3200円

性風俗世界を生きる「おんなのこ」のエスノグラフィ
熊田陽子著
SM・関係性・「自己」がつむぐもの
◎3000円

〈価格は本体価格です〉

シンガポールを知るための65章【第4版】	エリア・スタディーズ 17	田村慶子編著	◎2000円
タイを知るための72章【第2版】	エリア・スタディーズ 30	綾部真雄編著	◎2000円
バングラデシュを知るための66章【第3版】	エリア・スタディーズ 32	大橋正明、村山真弓、日下部尚徳、安食淳哉編著	◎2000円
現代ベトナムを知るための60章【第2版】	エリア・スタディーズ 39	今井昭夫、岩井美佐紀編著	◎2000円
カンボジアを知るための62章【第2版】	エリア・スタディーズ 56	上田広美、岡田知子編著	◎2000円
東ティモールを知るための50章	エリア・スタディーズ 60	山田満編著	◎2000円
ラオスを知るための60章	エリア・スタディーズ 85	菊池陽子、鈴木玲子、阿部健一編著	◎2000円
現代インドネシアを知るための60章	エリア・スタディーズ 113	村井吉敬、佐伯奈津子、間瀬朋子編著	◎2000円
スリランカを知るための58章	エリア・スタディーズ 117	杉本良男、高桑史子、鈴木晋介編著	◎2000円
ミャンマーを知るための60章	エリア・スタディーズ 125	田村克己、松田正彦編著	◎2000円
東南アジアを知るための50章	エリア・スタディーズ 129	今井昭夫編集代表 東京外国語大学東南アジア課程編	◎2000円
ASEANを知るための50章	エリア・スタディーズ 139	黒柳米司、金子芳樹、吉野文雄編著	◎2000円
フィリピンを知るための64章	エリア・スタディーズ 154	大野拓司、鈴木伸隆、日下渉編著	◎2000円
タイの歴史 タイ高校社会科教科書	世界の教科書シリーズ 6	中央大学政策文化総合研究所監修 柿崎千代訳	◎2800円
インドネシアの歴史 インドネシア高校歴史教科書	世界の教科書シリーズ 20	イ・ワヤン・バドリカ著 石井和子監訳	◎4500円
ベトナムの歴史 ベトナム中学校歴史教科書	世界の教科書シリーズ 21	ファン・ゴク・リエン監修 今井昭夫監訳	◎5800円

〈価格は本体価格です〉